Avanzamento & declino della Società

*Un saggio sulle forze economiche
che sono alla base delle istituzioni sociali*

di **Frank Chodorov**

Indice generale

Introduzione

Ciò che la che storia penserà dei nostri tempi è qualcosa che soltanto essa ci dirà. Ma una buona congettura è che sceglierà il collettivismo come caratteristica che identifica il ventesimo secolo. Perché anche una rapida indagine del modello di sviluppo del pensiero durante gli scorsi cinquant'anni rivela la dominanza di un'idea centrale: che la Società sia un'entità trascendente, qualcosa al di là e maggiore della somma delle sue parti, in possesso di un carattere sovrumano e dotata di simili poteri. Che opera in un campo suo proprio, moralmente e filosoficamente, ed è guidata da stelle sconosciute ai mortali.

Quindi, l'individuo, l'unità della Società, non può giudicarla per le sue stesse limitazioni né applicare ad essa gli standard con cui misura il proprio pensiero e il proprio comportamento. Le è necessario, naturalmente, ma soltanto come parte sostituibile di una macchina. Segue, quindi, che la Società, che può interessarsi paternalisticamente degli individui, non dipende in alcun modo da essi. In un modo o nell'altro, questa idea si è insinuata in quasi ogni ramo di pensiero e, come succede spesso con le idee, è stata istituzionalizzata. Forse l'esempio più lampante è l'orientamento moderno della filosofia dell'educazione. Molti dei professionisti in questo campo asseriscono francamente che lo scopo primario dell'educazione non è di sviluppare la capacità dell'individuo di apprendere, come si pensava in passato, ma di prepararlo per un posto fruttuoso e "felice" nella Società; le sue inclinazioni devono essere allontanate da lui, in modo che possa ricadere nelle usanze dei suoi coetanei ed oltre ad essi dell'ambiente sociale in cui vivrà la sua vita. Egli non è fine in sé stesso.

La giurisprudenza gira intorno alla stessa idea, sostenendo sempre più che il comportamento umano non è una questione di responsabilità personale quanto un riflesso delle forze sociali che lavorano sull'individuo; la tendenza è di dare alla Società la colpa dei crimini commessi dai suoi membri. Questo è anche un principio della sociologia, la cui crescente popolarità, ed il cui esser stata elevata a scienza, testimoniano della presa che il collettivismo ha nei nostri tempi.

Lo scienziato non è più onorato come coraggioso avventuriero dell'ignoto, alla ricerca dei principi della natura, ma è diventato un servo della Società, a cui deve il suo addestramento e la sua conservazione. Gli eroi e le imprese eroiche vengono retrocessi ai manifestazioni accidentali di pensiero e movimenti di massa. La persona superiore, il "capitano d'industria" che s'è fatto da sé, il genio inerente: queste sono finzioni; tutti non sono che robot fatti dalla Società. L'economia è lo studio di come funziona la Società, sotto le sue proprie tecniche e prescrizioni, non di come gli individui, nel perseguire la felicità, costruiscono la loro vita. E la filosofia, o ciò che così viene chiamato, ha reso la verità stessa un attributo della Società.

Il collettivismo è più di un'idea. In sé, un'idea non è che un giocattolo della speculazione, un idolo mentale. Poiché, come dice il mito, la Società *sovrapersonale* è piena di possibilità, la cosa vantaggiosa da fare è lasciar lavorare il mito, per dare energia alla sua virtù. Lo strumento attuale è lo Stato, pulsante di energia politica e ben disposto a consumarla in questa avventura gloriosa. Così sorge lo statalismo, o il culto del potere politico.

Lo statalismo non è una religione moderna. Anche prima di Platone, la filosofia politica si è interessata della natura, dell'origine e della giustificazione dello Stato.

5

Ma, mentre i pensatori ci speculavano sopra, il grande pubblico accettò l'autorità politica come un fatto della vita e se ne fece una ragione. È solo in tempi recenti (tranne, forse, i tempi in cui Chiesa e Stato erano una cosa sola, dotando così la coercizione politica di una sanzione divina) che la massa della gente ha accettato, coscientemente o implicitamente, la citazione hegeliana che "lo Stato è la sostanza generale, di cui gli individui non sono che incidenti." È questa accettazione dello Stato come "sostanza," come una realtà *sovrapersonale*, e il suo esser investito di una competenza che nessun individuo può reclamare per sé, ad essere la caratteristica speciale del ventesimo secolo.

Nei tempi passati, c'era la disposizione a considerare lo Stato come qualcosa con cui ci si deve confrontare, ma da completi estranei. Ciascuno conviveva con lo Stato come meglio poteva, temendolo o ammirandolo, sperando di farne parte e di goderne i privilegi, o tenendosene a distanza come da una cosa intoccabile; a malapena si pensava allo Stato come parte integrante della Società. Si doveva sostenere lo Stato – non c'era modo di evitare le tasse – e se ne tolleravano gli interventi come interventi, non come trama ed ordito della vita. E lo Stato stesso era fiero della sua posizione al di là – ed al di sopra – della Società.

La disposizione attuale è di liquidare qualsiasi distinzione fra Stato e Società, concettualmente o istituzionalmente. Lo Stato è la Società; l'ordine sociale è effettivamente un corollario dell'istituzione politica, dipendente da esso per il sostentamento, la salute, la formazione, le comunicazioni e per tutte le cose che rientrano nella definizione di "perseguimento della felicità." In teoria, prendendo come autorità i testi accademici su economia e scienza politica, l'integrazione è quasi completata.

Nel funzionamento degli affari umani, malgrado il fatto che parole vuote si sostituiscano al concetto di diritti personali inerenti, la tendenza ad invocare lo Stato perché risolva tutti i problemi della vita mostra fino a che punto abbiamo abbandonato la dottrina dei diritti, con il suo corollario della fiducia in noi stessi, ed accettato lo Stato come realtà della Società. È questa integrazione reale, piuttosto che la teoria, che contraddistingue il ventesimo secolo dai suoi predecessori.

Un'indicazione del punto a cui è arrivata l'integrazione è la scomparsa di ogni dibattito sullo *Stato qua Stato* – un dibattito che ha impegnato le migliori menti del diciottesimo e del diciannovesimo secolo. Le deficienze di un regime particolare, o dei suoi componenti, sono sottoposte ad attacchi costanti, ma i difetti dell'istituzione in sé non si individuano. Lo Stato va benissimo, per comune accordo, e funzionerebbe perfettamente se al suo timone ci fossero le persone "giuste."

La maggior parte dei critici del New Deal non si accorgono che tutte le sue mancanze sono inerenti di qualsiasi Stato, sotto la guida di chiunque, o che quando l'istituzione politica raccoglie abbastanza potere spunta un demagogo. L'idea che questo apparato di potere sia effettivamente il nemico della Società, che gli interessi di queste istituzioni siano in contrasto, è semplicemente impensabile. Se viene suggerita, è scartata come "antiquata," il che è vero; fino all'era moderna, era un assioma che lo Stato necessitasse di costante sorveglianza, che delle propensioni perniciose ne sono parte integrante.

Vengono alla mente alcune immagini dello spirito del nostro tempo. L'abusata affermazione che "siamo in debito con noi stessi," riferita ai debiti contratti in nome dello Stato, è indicativa della tendenza a cancellare dalla nostra coscienza la linea di demarcazione fra governati e governanti.

Non è solo una frase classica nei testi d'economia ma è anche tacitamente accettata nelle cerchie finanziarie come solida per principio. Per i banchieri moderni, un'obbligazione di Stato è solida almeno quanto l'obbligo di un cittadino privato, poiché il titolo è in effetti un obbligo del cittadino di pagare le tasse. Non viene fatta alcuna distinzione fra un debito coperto dalla produzione o dall'abilità produttiva e un debito garantito dal potere politico; nell'analisi finale un'obbligazione di Stato è un pegno sulla produzione, così qual è la differenza? Secondo tale ragionamento, gli interessi del pubblico, che sono sempre concentrati nella produzione di beni, sono identificati con gli interessi predatori dello Stato.

In molti testi di economia, il prestito preso dal governo ai cittadini, sia se fatto apertamente o con la pressione sulle banche perché prestino il risparmio dei loro depositanti, è spiegato come transazione equivalente a trasferire dei soldi da una tasca a un'altra degli stessi pantaloni; il cittadino presta a sé stesso quel che presta al governo. La spiegazione razionale di questa assurdità è che l'effetto sull'economia della nazione è lo stesso sia che il cittadino spenda i suoi soldi, sia che lo faccia il governo per lui. Ha semplicemente rinunciato al suo trascurabile diritto di scegliere. Sul fatto che non desideri ciò per cui il governo spende i suoi soldi, che di sua libera volontà non contribuirebbe ad acquistarlo, si sorvola allegramente. Il concetto di "stessi pantaloni" si basa sull'identificazione dell'amorfa "economia nazionale" con il benessere dell'individuo; egli si fonde così nella massa e perde la sua personalità. Tutt'uno con questo genere di pensiero è una frase d'accompagnamento, "il governo siamo noi." Il suo uso e la sua accettazione illustrano al meglio la presa che il collettivismo ha fatto sulle menti americane in questo secolo, escludendo la tradizione americana di base.

Quando fu fondata l'Unione, il principale timore degli americani era che il nuovo governo si trasformasse in una minaccia contro la loro libertà, e gli autori della costituzione furono messi a dura prova per acquietare questo timore. Ora è stabilito che la libertà è un dono del governo in cambio della sottomissione. L'inversione è stata compiuta con un abile trucco semantico.

La parola "democrazia" è la chiave di questo trucco. Quando cercate una definizione di questa parola, trovate che non è una forma di governo ma piuttosto la regola degli "atteggiamenti sociali." Ma che cosa è un "atteggiamento sociale"? Mettendo da parte le verbose spiegazioni di questo sdrucciolevole concetto, risulta essere in pratica il buon vecchio maggioritarismo; ciò che il 51 per cento delle persone ritiene sia giusto è giusto, e la minoranza ha torto per forza. È la finzione della Volontà Generale sotto nuovo nome. Non c'è posto in questo concetto per la dottrina dei diritti inerenti; l'unico diritto che resta alla minoranza, in particolar modo alla minoranza di uno, è la conformità con "l'atteggiamento sociale" dominante.

Se "il governo siamo noi," segue che l'uomo che si trovasse in prigione dovrebbe darsi la colpa per essersi rinchiuso lì dentro, e che l'uomo che sfruttasse tutte le detrazioni fiscali che la legge concede starebbe in realtà truffando sé stesso. Seppur questo possa apparire un'esagerata *reductio ad absurdum,* è un fatto che molti coscritti delle forze armate si consolino con quel tipo di logica. Questo Paese è stato in gran parte popolato da renitenti alla leva – chiamata "zarismo" una generazione o due fa e ritenuta la forma più bassa di servitù involontaria. Oggi un esercito di militari di leva passa in effetti per un esercito "democratico," composto di uomini che si sono adeguati all'"atteggiamento sociale" del tempo.

9

Questo fa lo stesso comune coscritto una volta obbligato ad interrompere i suoi sogni di carriera. L'accettazione del servizio militare obbligatorio ha raggiunto il punto di un'inconscia rinuncia alla personalità. L'individuo, come individuo, semplicemente non esiste più; è parte della massa.

Questo è il compimento dello statalismo. È una condizione dello spirito che non riconosce altro ego che quello della collettività. Per un'analogia, bisogna risalire alla pratica pagana del sacrificio umano: quando gli dei lo richiedevano, quando lo sciamano insisteva così tanto, come condizione per la prosperità del clan, gettarsi nel fuoco sacrificale era un dovere dell'individuo. In realtà, lo statalismo è una forma di paganesimo, dato che è il culto di un idolo, di qualcosa fatto dall'uomo. La sua base è puro dogma. Come tutti i dogmi esso è soggetto a interpretazioni e spiegazioni razionali, ciascuna con la sua corte di devoti. Ma, sia che ci si definisca un comunista, un socialista, un sostenitore del New Deal, o solo un semplice "democratico," la premessa è che l'individuo esista solo come servo dell'idolo delle masse. Sia fatta la sua volontà.

È una strana circostanza della storia che lo spirito indagatore non sia mai cancellato o sepolto completamente. Le pressioni sociali e politiche possono costringere il curioso intellettuale ad adottare un'apparenza di conformità – dal momento che bisogna vivere nel proprio ambiente - ma la conformità reale è impossibile per una mente di quel genere. Deve chiedere "perché," anche a sé stesso. E a volte è abbastanza difficile suggerire una deficienza nel modello prevalente di pensiero e parlare apertamente contro di esso.

Anche in questo ventesimo secolo ci sono coloro che sostengono, forse soltanto nel segreto della loro personalità, che il collettivismo è sbagliato e maligno e che non finirà bene.

Ci sono nonconformisti che rifiutano il concetto hegeliano secondo cui "lo Stato incarna l'idea divina sulla terra."

Ci sono alcuni che sostengono saldamente che soltanto l'uomo sia fatto ad immagine di Dio, che lo Stato sia un falso idolo. Sono in minoranza, siatene sicuri, come lo sono stati in tutta la storia; sono i "restanti" ai quali Isaia è incaricato di consegnare il messaggio. Forse costoro troveranno questa inchiesta nell'economia della Società, del Governo e dello Stato di un certo interesse; è stata scritta per loro.

Capitolo 1: Economia & politica

Può essere che le bestie diffidenti della foresta arrivino ad accettare la trappola del cacciatore come un'alternativa alla regolare ricerca di cibo. In ogni caso l'animale umano, presumibilmente razionale, è diventato così assuefatto agli interventi politici che non può pensare di guadagnarsi da vivere senza di essi; in tutti i suoi calcoli economici la sua prima considerazione è: cosa dice la legge a riguardo? O, più probabilmente: come posso fare uso della legge per migliorare la mia sorte nella vita? Questo può essere descritto come un riflesso condizionato. Non accade quasi mai di pensare di poter fare meglio qualora operassimo in maniera autonoma, entro i limiti posti su di noi dalla natura, e senza vincoli politici, controlli o sovvenzioni. Non pensiamo mai che queste misure interventiste sono messe sul nostro cammino come una trappola, per scopi diametralmente opposti alla nostra ricerca di una vita migliore. Le accettiamo automaticamente come necessarie per quello scopo. E così accade che coloro che scrivono di economia inizino con il presupposto che sia una branca della scienza politica. I nostri libri di testo, quasi senza eccezione, affrontano l'argomento da un punto di vista giuridico: come gli uomini si guadagnano da vivere secondo le leggi vigenti? Ne consegue, ed alcuni libri lo ammettono, che se la legge cambia, l'economia deve seguire l'esempio. È per questo motivo che i nostri curricula universitari sono carichi di una serie di corsi in economia, ognuno dei quali rende omaggio alle leggi che disciplinano le diverse attività umane; così abbiamo l'economia del merchandising, l'economia delle operazioni immobiliari, l'economia bancaria, l'economia agraria e così via.

Quasi mai ci si rende conto che esiste una scienza economica, con relativi principi di base, in tutte le nostre occupazioni e soprattutto che non abbia nulla a che fare con la legislazione. Da questo punto di vista sarebbe opportuno, se è la legge a sancire la pratica, che i curricula inseriscano un corso chiamato economia della schiavitù.

L'economia non è politica. La prima è una scienza, riguarda leggi immutabili e costanti della natura che determinano la produzione e la distribuzione della ricchezza; la seconda è l'arte di governare. Una è amorale, l'altra è morale. Le leggi economiche sono indipendenti e auto-validanti, così come tutte le leggi naturali, mentre la politica ha a che fare con convenzioni create e manipolate dall'uomo. Come scienza, l'economia cerca di comprendere i principi invariabili; la politica è effimera, il suo oggetto riguarda i rapporti giornalieri degli uomini. L'economia, come la chimica, non ha nulla a che fare con la politica.

L'intrusione della politica nel campo dell'economia è semplicemente una prova dell'ignoranza o dell'arroganza umana, ed è un tentativo tanto vano quanto il voler comandare l'ascesa e la calata delle maree. Sin dall'inizio delle istituzioni politiche, ci sono stati tentativi di fissare i salari, di controllare i prezzi e di creare capitale, tutti risultati fallimentari. Tali tentativi sono costretti al fallimento perché la sola competenza della politica è quella di obbligare gli uomini a fare quello che non vogliono fare o ad astenersi dal fare quello che sono inclini a fare, e le leggi dell'economia non rientrano in tale ambito. Sono impermeabili alla coercizione. Salari, prezzi e accumulo di capitale hanno leggi proprie; leggi che sono al di là della sfera di competenza del poliziotto. Il presupposto che l'economia sia asservita alla politica nasce da un errore logico.

Dal momento che lo Stato (la macchina della politica) può controllare e controlla il comportamento umano, e poiché gli uomini sono sempre impegnati nel guadagnarsi da vivere, concetto permeato dalle leggi dell'economia, ne sembra conseguire che per controllare gli uomini lo Stato debba piegare queste leggi alla sua volontà. Il ragionamento è errato perché non tiene conto delle conseguenze. Si tratta di un principio invariabile che gli uomini lavorino per soddisfare i propri desideri, o che la forza motrice della produzione sia la prospettiva dei consumi; infatti, una cosa non è prodotta fino a che non raggiunge il consumatore.

Quando lo Stato interviene nell'economia, il che avviene sempre a titolo di confisca, ostacola i consumi e quindi la produzione: il produttore produce in proporzione a quanto consuma. Non è l'ostinazione che porta a questo risultato; è il funzionamento di una legge naturale immutabile. Lo schiavo non "si piega" consapevolmente al lavoro: è un produttore povero perché è un consumatore povero.

L'evidenza è che l'economia influenza il carattere della politica, piuttosto che il contrario. Uno Stato comunista (che si impegna ad ignorare le leggi dell'economia, come se non esistessero) si caratterizza per la sollecitudine nell'uso della forza; è uno Stato di paura. Le aristocratiche Città-Stato greche presero forma dall'istituzione della schiavitù. Nel XIX secolo, quando lo Stato, per fini propri, strinse accordi con la classe industriale, si venne a creare lo Stato mercantilista. Lo Stato sociale è in realtà un'oligarchia di burocrati che, in cambio delle prerogative e del prestigio della carica, si impegna a confiscare e redistribuire la produzione secondo le formule della propria immaginazione, in spregio del principio per cui la produzione necessariamente calerà nella quantità in cui viene confiscata.

È interessante notare che tutti i tipi di assistenzialismo iniziano con un programma di distribuzione - il controllo del mercato - e finiscono con tentativi di gestione della produzione. Questo perché, contrariamente alle aspettative dell'oligarchia, le leggi dell'economia non sono sospese dalla sua interferenza politica né i prezzi rispondono ai suoi diktat. Non solo: nel tentativo di far funzionare le proprie nozioni preconcette essa le applica anche al settore della produzione, anche lì fallendo.

L'impermeabilità della legge economica rispetto alla legge politica viene mostrata in questo fatto storico: nel lungo periodo ogni Stato implode, spesso scomparendo del tutto per diventare una curiosità archeologica. Ogni crollo di cui abbiamo prove sufficienti è stato preceduto dallo stesso corso di eventi: lo Stato, nella sua insaziabile brama di potere, intensifica sempre di più i propri abusi nei confronti dell'economia nazionale causando un conseguente declino di interesse per la produzione, fino a quando non viene intaccato il livello di sussistenza e quanto prodotto non è più sufficiente per mantenere lo Stato nella condizione a cui era abituato. Non essendo più in grado di sopportare lo sforzo economico di qualche circostanza immediata, come una guerra, finisce col soccombere.

Prima di questo evento l'economia della Società, su cui poggia la potenza dello Stato, si era deteriorata portando anche un rilassamento nei valori morali e culturali; agli uomini "non importava". In altre parole: la Società è crollata e ha trascinato con sé lo Stato. Non c'è modo per lo Stato di evitare questa conseguenza — tranne, naturalmente, abbandonare i suoi interventi nella vita economica delle persone che controlla, cosa che la sua intrinseca brama di potere non gli consente. Non c'è modo per la politica di proteggere sé stessa dalla politica.

La storia dello Stato americano è istruttiva. La sua nascita era propizia essendo concepita da un gruppo di uomini insolitamente saggi ed impegnati nel non ripetere gli errori dei predecessori. Nessuno dei difetti della tradizione politica sembrò segnare il nuovo Stato: non fu appesantito dall'eredità di un sistema feudale o di caste, non doveva vivere secondo la dottrina del "diritto divino" né fu segnato dalle cicatrici della conquista che avevano tormentato l'infanzia di altri Stati. Fu nutrito con cibo sano: la dottrina di Rousseau secondo cui il governo deriva i propri poteri dal consenso dei governati, la libertà di parola e di pensiero di Voltaire, la giustificazione della rivoluzione di Locke e, soprattutto, la dottrina dei diritti impliciti. Non c'era il regime di uno status ad arrestarne la crescita. In realtà, tutto era de novo.

La scienza politica adottò ogni misura precauzionale nota per evitare che il nuovo Stato americano acquisisse l'attitudine auto-distruttiva di ogni Stato del passato: quella di interferire con il perseguimento della felicità dell'uomo. Le persone dovevano essere lasciate in pace, dovevano risolvere i loro destini individuali con le capacità di cui la natura li aveva dotati. A questo scopo, lo Stato era circondato da una serie di divieti e limitazioni ingegnosi: non solo le sue funzioni erano chiaramente definite, ma ogni inclinazione ad andare oltre i propri limiti era trattenuta da una triplice divisione dell'autorità, mentre la maggior parte dei poteri interventisti da esso impiegati erano riservati alle autorità più vicine ai governati e quindi più suscettibili alla loro volontà. Attraverso il principio di divisione *imperium in imperio* lo Stato sarebbe stato per sempre deprivato di quella posizione di monopolio necessaria per darsi alla violenza. Meglio ancora, era condannato ad andare d'accordo con un magro obiettivo, dato che i suoi poteri di tassazione erano ben circoscritti.

Non sembrava possibile, nel 1789, che lo Stato americano potesse fare molto nell'interferire con l'economia della nazione: era costituzionalmente debole e con un bilancio esiguo.

L'inchiostro non si era ancora asciugato sulla Costituzione che i suoi autori, ora in posizione di autorità, iniziarono a riscriverla in via interpretativa al fine di allentarne i limiti; il lievito del potere annidato nello Stato era in fermentazione. Il processo di interpretazione giudiziaria, continuato fino ai giorni nostri, venne successivamente integrato dall'emendamento; l'effetto di quasi tutti gli emendamenti, sin dai primi dieci (che furono scritti nella Costituzione dietro pressione del pubblico), era quello di indebolire la posizione dei vari governi statali e di estendere il potere del governo centrale. Poiché il potere statale può crescere solo a spese del potere sociale, la centralizzazione che è andata avanti sin dal 1789 ha spinto la Società americana in quella condizione di sottomissione che la Costituzione era intesa ad evitare.

Nel 1913 arrivò l'emendamento che liberò completamente lo Stato americano dalle proprie catene, poiché con le entrate provenienti dall'imposta sui redditi poteva ormai fare incursioni illimitate nell'economia del popolo. Il XVI Emendamento non solo violava il diritto del singolo al prodotto del proprio lavoro, ingrediente essenziale della libertà, ma dava anche allo Stato americano i mezzi per diventare il più grande consumatore, datore di lavoro, banchiere, produttore e proprietario di capitale della nazione. Ora non c'è alcun ambito della vita economica in cui lo Stato non sia partecipe, non c'è impresa o professione libera dal suo intervento. La metamorfosi dello Stato americano da istituzione apparentemente innocua ad una macchina potente ed interventista, quale fu Roma al proprio culmine, ha avuto luogo lungo un secolo e mezzo.

Gli storici stimano che la gestazione del più grande Stato dell'antichità abbia coperto quattro secoli, ma oggi si viaggia più veloci. Quando la grandezza di Roma era al punto più alto, la preoccupazione principale dello Stato era la confisca della ricchezza prodotta dai suoi cittadini e sudditi; la confisca venne formalizzata legalmente, come lo è oggi, e sebbene non fosse rivestita con moralismi smielati o ideologicamente strutturati, erano presenti alcune caratteristiche dell'assistenzialismo moderno. Roma aveva programmi di stimolo del lavoro, mance ai disoccupati e sussidi all'industria: tutte cose necessarie per rendere appetibile e possibile la confisca.

Probabilmente per i romani dell'epoca questo ordine di cose poteva sembrare normale e corretto, come accade oggi. I vivi sono condannati a vivere nel presente, nelle condizioni prevalenti, e la loro preoccupazione per queste condizioni rende ogni valutazione del trend storico difficile ed esclusiva. I romani non sapevano o non si preoccupavano del "declino" in cui vivevano né di certo si preoccupavano della "caduta" che il loro mondo stava sperimentando. È solo dal punto di vista della storia, quando è possibile vagliare le prove e trovare una causa-effetto, che può essere fatta una stima significativa di quanto stava accadendo. Ora sappiamo che, nonostante l'arroganza dello Stato, erano al lavoro forze economiche che influenzano le tendenze sociali. La produzione di ricchezza, cosa di cui vivono gli uomini, scese in proporzione alle estorsioni ed alle interferenze dello Stato; l'interesse generale per la mera esistenza sommerse ogni interesse latente nei valori culturali e morali, ed il carattere della Società si trasformò gradualmente in quello di una mandria. Dio non paga il sabato: entro un paio di secoli il deterioramento della Società romana venne seguito dalla disintegrazione dello Stato, al punto da non avere né i mezzi né la volontà per resistere ai venti della storia.

Va notato come fu la Società, che prospera solo in una condizione di libertà, a crollare per prima: non vi fu in essa alcuna disposizione a resistere alle orde di invasori.

L'analogia suggerisce una profezia ed una geremiade, ma ciò non rientra nello scopo di questo saggio la cui tesi è che la Società, il governo e lo Stato siano fenomeni essenzialmente economici e che dunque una comprensione di queste istituzioni la si ritroverà nell'economia, non nella politica. Questo non vuol dire che l'economia sia in grado di spiegare tutte le sfaccettature di dette istituzioni, così come lo studio dell'anatomia umana non rivelerà tutti i segreti della persona. Tuttavia, come non ci può essere un essere umano senza scheletro, così qualsiasi indagine sul meccanismo delle integrazioni sociali non può ignorare la legge economica.

Per motivi che diverranno evidenti nel prosieguo di questo saggio, sarà necessario allontanarci dal suo tema centrale per la durata di un capitolo; questo sarà dedicato all'indagine di due teorie circa l'origine dello Stato: una quella classica, l'altra invece di più recente formulazione.

Capitolo 2: Da Dio o dalla spada?

Lo Stato è previsto dalla natura delle cose? I teorici classici della scienza politica erano convinti di sì. Osservando come ogni agglomerato di uomini noti alla storia abbia visto la partecipazione in una istituzione politica di qualche tipo, e convinti che in tutte le cose umane la mano di Dio abbia svolto un ruolo, hanno concluso che l'organizzazione politica degli uomini abbia goduto dell'avallo divino. Avevano un sillogismo per sostenere la propria ipotesi: Dio ha fatto uomo; l'uomo ha realizzato lo Stato; quindi, Dio ha fatto lo Stato. Lo Stato ha acquisito così una sorta di alone di divinità. Il ragionamento è stato sostenuto da una analogia: è una certezza che l'organizzazione familiare, con il suo capo, sia nell'ordine naturale delle cose, e ne consegue che un gruppo di famiglie, con lo Stato in qualità di padre di tutte, sia un fenomeno altrettanto naturale. Se si verificano carenze nella famiglia, è a causa dell'ignoranza o della malvagità del padre; parimenti se l'ordine sociale soffre l'ansia o la disarmonia è perché lo Stato ha perso di vista le vie di Dio. In entrambi i casi, il *pater familias* ha bisogno di istruzioni per quanto riguarda i principi morali. Dunque lo Stato, che è inevitabile e necessario, può essere migliorato ma non abolito.

Accettando a priori la naturalezza dello Stato, hanno cercato di trovare la radice dell'istituzione nella natura dell'uomo. Sicuramente, lo Stato appare solo quando gli uomini si riuniscono, e questo fatto potrebbe indicare che la sua origine è insita nella complessità dell'essere umano; gli animali non hanno Stato.

Questa linea di indagine ha portato a contraddizioni ed incertezze, cosa del tutto comprensibile in quanto le prove della natura dell'uomo si trovano nel suo comportamento morale e questo è ben lungi dall'essere uniforme. Due uomini risponderanno in maniera diversa alla stessa esigenza e almeno uno non seguirà uno schema costante di comportamento in tutte le circostanze. L'ostacolo che gli scienziati politici con mentalità teologica si erano posti di fronte consisteva nell'essersi prefissi di scoprire se lo Stato traesse la propria origine dal fatto che l'uomo sia intrinsecamente "buono" o "cattivo", e su questo punto non vi è alcuna prova evidente. Da qui le contraddizioni nelle loro conclusioni.

Lungo queste linee, i tre pensatori con cui abbiamo maggiore familiarità, nonostante abbiano avuto i rispettivi predecessori, sono Thomas Hobbes, John Locke e Jean Jacques Rousseau. Come punto di partenza per le loro speculazioni, i tre si sono avvalsi della stessa ipotesi secondo cui ci fu un tempo in cui gli uomini non erano politicamente organizzati e vivevano in una condizione chiamata "stato di natura". Era una pura ipotesi, naturalmente, poiché se gli uomini si fossero aggirati sulla faccia della terra come isolazionisti ad oltranza, non stabilendo alcun contatto uno con l'altro se non attraverso i bastoni, non avrebbero mai lasciato alcuna prova a riguardo. Ci deve essere stata quantomeno un'organizzazione familiare o non saremmo qui a parlare di "stato di natura". In ogni caso, Hobbes sosteneva che in questo stato pre-politico l'uomo fosse "brutale" e "cattivo", sempre in bilico tra la proprietà e la persona accanto a lui. La sua inclinazione predatoria era motivata da una passione smodata verso l'abbondanza materiale. Ma, dice Hobbes, essendo l'uomo dotato fin da principio del dono della ragione, ad un certo punto nel suo stato "naturale" questa gli suggerì che avrebbe potuto fare di meglio per sé, cooperando con gli altri uomini "naturali".

21

A quel punto entrò in un "contratto sociale" con essi, nei cui termini ciascuno accettava di rispettare un'autorità che lo avrebbe trattenuto dal fare ciò che la propria "natura" lo spingeva a fare. Così apparve lo Stato.

Locke, d'altra parte, è piuttosto neutro nelle sue conclusioni morali: per lui la domanda se l'uomo sia "buono" o "cattivo" è secondaria rispetto al fatto che egli è una creatura di ragione e desiderio. In realtà, afferma Locke, anche quando viveva in uno stato "naturale", la preoccupazione principale dell'uomo era la sua proprietà, il frutto del proprio lavoro. Fu la ragione a suggerirgli che sarebbe stato più al sicuro, nel possesso e godimento di quella, se egli stesso fosse stato sottoposto ad una agenzia di protezione. Quindi stipulò un "contratto sociale" ed organizzò lo Stato. Locke identifica la tutela della proprietà come la principale attività dello Stato e afferma che, qualora un determinato Stato trascuri tale dovere, sia moralmente giustificabile sostituirlo con un altro, anche con la forza.

Guardando allo "stato di natura", Rousseau trova che sia un Eden idilliaco, in cui l'uomo era perfettamente libero e quindi moralmente perfetto. C'era solo un difetto in questa vita, altrimenti buona: guadagnarsi da vivere era difficile. Fu per superare le difficoltà dell'esistenza "naturale" che rinunciò ad un po' della propria libertà ed accettò il "contratto sociale". Per quanto riguarda il carattere del contratto, trattasi di una fusione della volontà di ogni individuo con quella di ogni altro firmatario in quella che Rousseau chiama la Volontà Generale.

Così, nonostante i tre pensatori restassero in un certo disaccordo sulla natura dell'uomo, dove il seme dello Stato andava ricercato, si trovarono invece d'accordo sul fatto che lo Stato nacque da essa.

Va sottolineato come questo tentativo di trovare un'origine dello Stato non fosse il loro scopo primario, poiché ciascuno era interessato ad un sistema politico tutto proprio, e ciascuno riteneva necessario stabilire una genesi in sintonia col proprio sistema. Non servirebbe al nostro scopo attuale discutere le loro filosofie politiche, ma è interessante notare come siano state tutte modellate per adattarsi alle esigenze dei tempi, dando adito al sospetto che le loro teorie per quanto riguarda l'origine dello Stato abbiano risentito di analoghe influenze. Era loro preconcetto comune che lo Stato fosse nell'ordine naturale delle cose, Stato a cui Hobbes dà avallo divino. A tal proposito non fecero altro se non seguire la tradizione: nelle riflessioni dei primi cristiani si faceva riferimento all'idea di Stato come alla "Città di Dio", e Platone parlò del suo Stato come qualcosa "il cui modello risiede nei cieli". La moderna scienza politica passa sopra la questione dell'origine, accetta lo Stato come un'entità in funzionamento, formula raccomandazioni per il suo miglioramento operativo. I metafisici del passato attribuivano le carenze di un particolare Stato all'ignoranza o alla disobbedienza delle leggi di Dio. Anche i moderni hanno il loro ideale, o meglio ogni scienziato politico ha il proprio, e ciascuno ha una ricetta personale per realizzarlo: gli ingredienti sono una serie di leggi, più un macchinario di esecuzione. La funzione dello Stato, si presume in generale, è quella di realizzare la Società buona — non vi è alcun dubbio sulla sua capacità di farlo — e la Società buona è tutto ciò che lo scienziato politico ha in mente. In tempi recenti alcuni ricercatori si sono rivolti alla storia per cercare le prove sull'origine dello Stato, sviluppando ciò che talvolta viene chiamata la teoria sociologica dello Stato. I dati mostrano, essi osservano, come tutti i popoli primitivi si guadagnassero da vivere con uno di questi due modi: l'agricoltura o l'allevamento del bestiame, giacché la caccia e la pesca sembrano essere state marginali in entrambe le economie.

I vincoli di queste due occupazioni svilupparono abitudini chiaramente definite e diverse competenze. L'attività di girovagare in cerca di pascoli ed acqua spronò un'affiatata organizzazione di uomini avventurosi, mentre la routine fissa dell'agricoltura non aveva bisogno di organizzazione e necessitava di una piccola attività. La docilità flemmatica dei lavoratori delle varie terre li rese facili prede dei pastori audaci delle colline. La cupidigia suggeriva l'attacco.

In principio, affermano gli storici, l'oggetto dei furti erano le donne, dal momento che l'incesto era tabù molto prima che gli scienziati trovassero un motivo per condannare tale pratica. Il furto delle donne venne seguito dal furto di beni mobili ed entrambi i processi vennero accompagnati dal massacro di maschi e di femmine indesiderate. Ad un certo punto nella mente dei predoni scintillò la verità economica che i morti non producono nulla, e da ciò nacque l'istituzione della schiavitù; i pastori perfezionarono il proprio business portando con sé prigionieri ed assegnando loro lavori umili. Questa economia fatta di padroni e schiavi, sostengono i teorici, è la prima manifestazione dello Stato. Così, la premessa dello Stato è lo sfruttamento dei produttori con l'uso della forza.

Infine, le incursioni di rapina vennero sostituite dal concetto di sicurezza — o l'esazione continua di tributi dalle persone tenute in schiavitù. A volte una tribù più intraprendente assumeva il controllo di un centro di scambi, per imporre dei dazi sui commerci; altre volte pattugliava strade e corsi d'acqua che portavano ai villaggi, riscuotendo pedaggi da carovane e mercanti. In ogni caso fu ben presto evidente che un bottino, in quanto parte di una produzione, sia abbondante tanto quando lo è stata la produzione. Per incoraggiare quest'ultima, quindi, si impegnarono a pattugliare ed a mantenere "la legge e l'ordine".

Non solo sorvegliavano i popoli conquistati, ma li proteggevano anche dalle altre tribù di predoni; infatti, non era insolito per una comunità molestata invitare una tribù guerriera affinché stesse di guardia, ad un certo prezzo. I conquistatori non arrivavano solo dalle colline, perché c'erano anche i "pastori del mare", tribù la cui pericolosa occupazione le rendeva particolarmente audaci negli attacchi.

Il popolo conquistatore si teneva in disparte dai conquistati, godendo di ciò che più tardi divenne nota come extraterritorialità. Conservava legami culturali e politici con la patria, mantenendo la propria lingua, religione e costumi. Inoltre, nella maggior parte dei casi non disturbava i costumi dei sudditi fintanto che i tributi fluivano. Con il tempo, perché questo è l'esito della vicinanza, le barriere immateriali tra vinti e vincitori si sciolsero e si instaurò un processo di fusione accelerato a volte da una rottura dei legami con la patria, come quando il luogotenente si sentiva forte abbastanza nel nuovo ambiente da sfidare il proprio signore e cessare di dividere il bottino con lui, o quando un'insurrezione di successo in patria lo spodestava. Uno stretto contatto con i conquistati risultò in una miscela di lingue, di religioni e di costumi. Anche se i matrimoni misti non erano visti di buon occhio, per ragioni economiche e sociali, l'attrazione sessuale non poteva essere scoraggiata ed una nuova generazione colmava il divario tramite legami di sangue. Le imprese militari, in difesa della patria ormai comune, aiutarono la fusione. La mescolanza delle due culture diede luogo ad una nuova, senza perdere quella caratteristica per cui un insieme di costumi e leggi regolamentavano le disposizioni della classe pagante i tributi nei confronti di quella dominante. Necessariamente, queste convenzioni vennero formulate da quest'ultima, con l'intento di congelare il proprio vantaggio economico tramite lascito alla rispettiva prole.

Le persone dominate, in un primo momento opposte alle estorsioni, avevano da tempo abbandonato la lotta impari e si erano rassegnate ad un sistema di tasse, affitti, pedaggi ed altre forme di tributo. Questo adattamento venne facilitato dall'inclusione di alcune delle "classi inferiori" nel regime tramite incarichi che, spaziando dal portavoce all'ufficiale giudiziario e dall'umile servitore al soldato sotto il comando dei padroni, riuscivano a ingenerare reciproca ammirazione se non rispetto. Inoltre, la codifica delle esazioni portò alla rimozione dalla memoria dell'arbitrarietà con cui erano stati introdotti e li rivestì di un'aura di correttezza. Le leggi fissavano limiti alle estorsioni, rendevano gli eccessi irregolari e passibili di punizioni, stabilendo quindi dei "diritti" per la classe sfruttata.

Se da un lato gli sfruttatori custodivano sapientemente questi "diritti" contro lo sconfinamento da parte dei propri membri più avari, dall'altro gli sfruttati, dopo essersi adattati ad un sistema di estorsione da cui alcuni spesso beneficiavano, ricavarono un senso di sicurezza e di autostima da tale dottrina dei "diritti". Così, fu attraverso questi processi psicologici e legali che si realizzò la stratificazione della Società. Lo Stato è quella classe che gode della preferenza economica attraverso il controllo dei meccanismi di coercizione.[1] La teoria sociologica dello Stato non si basa solo sulla testimonianza della storia, ma anche sull'esistenza di due modi in cui gli uomini possono acquisire beni economici: produzione e predazione.

---

[1] Questa breve sintesi del contesto storico della teoria sociologica suggerisce le storie del Vecchio Testamento sulla conquista di Canaan da parte degli Israeliti, la storia dell'Inghilterra e dell'Impero Romano. Tuttavia, i fautori principali di questa teoria, Gumplowicz ed Oppenheimer, erano più interessati all'origine dello Stato che al suo sviluppo, e scavarono nelle informazioni sulle tribù primitive di tutto il mondo; ovunque guardarono, scoprirono che l'organizzazione politica iniziò con la conquista.

La prima prevede l'applicazione del lavoro alle materie prime, l'altra l'uso della forza. Il saccheggio, la schiavitù e la conquista sono le forme primitive di predazione, ma l'effetto economico è lo stesso quando la coercizione politica viene usata per privare il produttore del suo prodotto, o anche quando acconsente al trasferimento della proprietà come prezzo del permesso di vivere. Né la predazione si trasforma in qualcos'altro quando viene compiuta in nome della carità — la formula Robin Hood. In ogni caso, qualcuno gode di ciò che altri han prodotto ed a causa della predazione i desideri del produttore finiscono insoddisfatti, il suo lavoro non corrisposto. Si vedrà come, nel suo aspetto morale, la teoria sociologica si appoggia alla dottrina della proprietà privata, il diritto inalienabile dell'individuo al prodotto del suo sforzo, e sostiene che qualsiasi tipo di coercizione, esercitato per qualsiasi scopo, non aliena tale diritto. Ma torneremo in seguito su questo punto.

Per inciso, a prima vista questa teoria sembra somigliare al detto di Karl Marx secondo cui lo Stato è il comitato direttivo della classe capitalista. La somiglianza è tuttavia solo nelle parole, non nelle idee. La teoria Marxista sostiene che lo Stato in altre mani — la "dittatura del proletariato" — potrebbe abolire lo sfruttamento, ma la teoria sociologica dello Stato (o la teoria della conquista) insiste sul fatto che lo Stato stesso, indipendentemente dalla propria composizione, sia un'istituzione di sfruttamento e non possa essere altro; che si impadronisca della proprietà del titolare dei salari o della proprietà del proprietario del capitale, il principio etico è lo stesso. Se lo Stato prende dal capitalista per dare al lavoratore, o dal meccanico per dare al contadino, o da tutti per migliorare se stesso, viene usata la forza per privare una persona della proprietà che gli spetta di diritto ed in questo senso sta portando avanti lo spirito, se non la modalità, della conquista originale.

Pertanto, anche in caso la cronologia di un dato Stato non inizi con un atto di conquista territoriale, resta il fatto che ne segua un identico modello in quanto le sue pratiche ed istituzioni continuano nella tradizione di quegli Stati che sono passati attraverso il processo storico. Lo Stato americano non ha avuto inizio con la conquista; gli Indiani non avevano proprietà da cui potevano essere sollevati e, essendo cacciatori di professione, erano troppo intrattabili per essere ridotti in schiavitù. Ma i coloni erano essi stessi il prodotto di una economia di sfruttamento, essendo assuefatti ad essa nelle loro rispettive terre d'origine, che avevano importato ed incorporato nella nuova organizzazione. Molti di loro arrivarono nella nuova terra portando il giogo della schiavitù. Tutti arrivavano da ambienti istituzionali che erano emersi dalla conquista; non ne conoscevano altri, e quando svilupparono le proprie istituzioni trapiantarono semplicemente questi ambienti. Portarono lo Stato predatorio con loro.

Qualsiasi richiesta di informazioni sulla figura dello Stato americano deve pertanto tener conto della distinzione tra guadagnarsi da vivere con la produzione e guadagnarsi da vivere con la predazione; cioè, tra economia e politica.

Capitolo 3: L'unità della vita sociale

Cominciando dall'ovvio — ci devono essere gli uomini prima che ci sia una Società, e ci deve essere una Società prima che ci sia un Governo. Le istituzioni sociali devono essere seminate nel terreno di cui è fatto l'individuo. Pertanto, siamo costretti a chiedere all'individuo, l'unità della vita sociale, di dirci perché socializza, perché diventa politico. I metafisici erano sulla strada giusta quando indagarono la natura del singolo per dare una spiegazione allo Stato, anche se erano distratti dalla loro mentalità teologica. Su questa strada non si trova una risposta positiva, né una risposta che non inizi con ipotesi. Se si guarda l'essere umano dall'esterno forse riusciremo a fare luce sulla questione, senza fare riferimento alla sua composizione spirituale.

Cosa si osserva come una costante nella sua esistenza? A questa domanda non c'è che una risposta: egli è sempre e comunque impegnato a guadagnarsi da vivere. Non possiamo nemmeno pensare ad un essere umano privo di questa preoccupazione. Egli è, fondamentalmente, un "uomo economico" — per usare un termine che viene talvolta usato in modo spregiativo, ma che è più appropriato quando riflettiamo sul fatto che l'attività primordiale dell'uomo è l'esistenza. La sua ricerca economica è radicata in lui come una necessità. Sembra logico supporre, allora, che la Società in cui lo troviamo sempre è o una fase dell'attività, o in relazione con l'attività, da cui non va mai in pensione. Non è allora probabile che, se ci immedesimassimo nei mezzi e nei metodi che impiega per guadagnarsi da vivere, impareremmo che la Società ed il Governo sono escrescenze di questo processo?

Forse, dopo tutto, queste istituzioni hanno le loro radici nell'economia. Si tratta di un'ipotesi plausibile, in ogni caso. L'obiezione che viene sollevata è che l'essere umano sia troppo complesso per essere trattato solo come una creatura vivente. Anche le altre specie che abitano la terra sono a caccia costante dei mezzi per esistere e niente hanno di quello che noi chiamiamo Società e Governo; il meglio che fanno per socializzare è formare un gregge o un branco o uno stormo, organizzazioni del tutto diverse da quelle che qui vengono formalizzate. Questa obiezione, tuttavia, deriva dalla definizione limitata e irreale di "uomo economico" che ne descrive la vita come una mera acquisizione di cibo, vestiario e riparo. Un tale uomo non esiste, o esiste solo sotto la spinta delle necessità.

Per l'uomo, a differenza degli altri esseri viventi, il "guadagnarsi da vivere" comincia solo con l'acquisizione delle cose necessarie: per come egli è costituito, infatti, una volta risolto il problema (o anche prima che sia completamente risolto) la sua immaginazione dà luogo ad altri desideri che, quando gratificati, danno luogo ad ancora altri desideri e così via *ad infinitum*. Il suo lavoro di "vivere" non ha alcun perimetro fisso. Eppure, la soddisfazione di qualunque desiderio scaturito dalla sua fantasia coinvolge gli stessi mezzi e metodi che egli impiega per garantirsi il necessario. Il libro e il violino vengono alla luce da processi che sono in sostanza gli stessi di quelli applicati per produrre pane e vestiti; tutto ciò che l'uomo vuole coinvolge le dinamiche della produzione. Quindi, "l'uomo economico" non è un tipo d'uomo speciale e, anche se per motivi di studio potremmo separarlo nel nostro laboratorio mentale da "l'uomo culturale", "l'uomo religioso" o da quello "militare", egli è infatti l'unico uomo che utilizza i mezzi economici nella ricerca di qualsiasi "modo di vivere" a cui lo conduca la propria inclinazione o l'opportunità.

L'agente catalizzatore di tutte le aspirazioni umane è la produzione.

Cos'è, quindi, la produzione? È l'applicazione del lavoro alle materie prime offerte dalla natura per la realizzazione di cose che soddisfino i desideri umani. Nulla può essere prodotto in qualsiasi altro modo. È vero: esistono, tra le cose desiderate dagli uomini, quelle che apparentemente non comportano l'uso di materie prime e di solito descritte come servizi. Ma anche il cantante ha bisogno di sostentamento e il predicatore nudo potrebbe scoprire come il freddo sia un ostacolo al pensiero. Non vi è alcun servizio desiderabile — come l'assicurazione o l'istruzione — tanto lontano dalla produzione di base da non risultare, ad un esame attento, una suddivisione o ramificazione dell'applicazione del lavoro alle materie prime. Quando si pensa a questo processo, si comprende come tutte le cose tangibili ricercate dagli uomini, quali ad esempio cibo e vestiti, sono in realtà l'istantanea di servizi come quello culinario o di sartoria, e dunque ogni distinzione tra beni e servizi, in senso economico, è accademica.

Il fatto che l'uomo sia sempre dipendente dalle materie prime per vivere, anche nel senso più ampio della vita, lo bolla come un "animale terrestre". Ma, a questo proposito, tutti gli altri animali sono altrettanto costretti. Quindi, sorge spontanea la domanda: in quale modo l'essere umano, nelle istituzioni sociali che ora ci interessano, è diverso dai suoi vicini che pensano solo a mangiare? Lo è nella misura in cui egli, diversamente da quelli, non dipende da ciò che trova ma ha la capacità di fare uso della natura per promuovere i propri fini. Questa capacità si chiama ragione: la facoltà di estrarre un principio causale da una serie di fenomeni correlati, e di applicarlo ai propri affari.

Per esempio, egli osserva come dalla natura non crescano cibi commestibili ovunque e in qualsiasi momento, ma solo quando e dove il terreno di una data consistenza goda di una certa quantità di sole ed umidità. Imparando questi segreti della natura, li trasforma in formule a cui dà nome di leggi naturali. Poi, facendosi guidare da tali leggi, fa crescere il cibo che vuole: diventa un creatore di abbondanza. È quanto i suoi amici animali invece non possono fare. Siamo soliti dire che l'uomo "conquista" la natura ma in realtà egli, nel raggiungimento dei propri fini, deve la conquista al suo adattamento ai mezzi impiegati dalla natura; non può infatti ottenere i risultati desiderati a meno che non ne impari le leggi e ad esse si sottometta. I popoli primitivi sono tali solo perché non si sono capacitati di queste leggi, mancando quindi nel riuscire a farne uso, ed i fallimenti di ciò che chiamiamo uomo "civilizzato", in qualunque campo scelga di operare, sono probabilmente dovuti alla sua ignoranza delle leggi della natura o alla sua arroganza nel tentativo di farsi strada violandole. Queste sono, tuttavia, immutabili e sempre presenti; i fallimenti dell'uomo indicano come anch'esse abbiano le loro proprie sanzioni.

L'uomo costruisce una bomba atomica perché ha imparato le leggi fisiche ad essa connesse; l'uomo con questo ordigno distrugge la Società perché non conosce né è disposto a sottomettersi alle leggi sociali che la natura ha scritto nel proprio libro della conoscenza. È particolarmente svantaggiato quando dichiara (come fa a volte, in particolare nei settori dell'economia e delle scienze sociali) l'inesistenza di leggi naturali e come l'uomo non sia inibito da tali finzioni; è qui che si mette davvero nei guai.

Date le risorse naturali e la conoscenza delle leggi di natura, guadagnarsi da vivere richiede un dispendio di lavoro. Questo è il prezzo inesorabile della produzione.

Ma l'esercizio del lavoro comporta la spiacevole esperienza della stanchezza, qualcosa che l'uomo non vuole (siamo preoccupati solo del lavoro speso per scopi economici. Talvolta l'uomo troverà il piacere nello sforzo stesso, come lo trova nel fare una passeggiata. Ed a volte egli "amerà il proprio lavoro", provando piacere nel farlo, indipendentemente da qualsiasi altro ritorno. L'euforia risultante è la ricerca del profitto, ma egli non lavora per il lavoro in sé). Per evitare gli sforzi l'uomo potrebbe, come altri animali, ridurre i propri appetiti alle cose più necessarie, alle cose che rendono possibile l'esistenza e che si possono avere con il minimo sforzo (nulla si può avere senza alcuno sforzo). Egli, tuttavia, non è costituito in questo modo essendo guidato da una curiosità sempre crescente di cercare nuove gratificazioni, e sempre indaga la natura affinché gli dica come acquisirle con meno lavoro. Inventa dispositivi che diminuiscono il lavoro; spende del lavoro per risparmiare lavoro. Sfrutta il tempo "straordinario" — o del lavoro in eccesso rispetto a quanto è necessario per tenerlo in vita — per produrre cose che gli risparmieranno lavoro nelle sue imprese future o gli permetteranno di migliorare la propria situazione. Chiamiamo queste cose capitale.

Per quanto ne sappiamo, l'uomo è sempre stato un capitalista, un accumulatore di lavoro, e non possiamo concepire un tempo in cui lui non stesse facendo uso di tali concetti. Così, l'ascia di pietra che ha inventato per domare un animale commestibile è diventata, dopo secoli di riflessione e di tentativi e di errori, una mannaia ed i recinti per il bestiame di Chicago. L'accumulo di capitale è sempre stata la carriera dell'uomo: non conosciamo infatti un uomo o una Società non-capitalista. In ogni distinzione tra l'uomo primitivo e l'uomo civilizzato, usiamo come metro di giudizio i loro relativi accumuli di capitale e l'uso del capitale.

Una legge naturale viene derivata dall'osservazione dei modi della natura. La sua prima caratteristica è l'invariabilità — succede sempre così, non ci sono eccezioni. E poiché in ogni cosa che fa, sin da quando si ha conoscenza del suo comportamento tanto da non poter nemmeno concepire una deviazione, l'uomo cerca di soddisfare i propri desideri col minimo dispendio di lavoro, potremmo definire quest'ultima come una legge naturale del suo comportamento. Un secondo requisito di una legge naturale è il suo permetterci di prevedere cosa accadrà in futuro: è proprio su questo punto che la legge si qualifica come tale. Noi inventiamo ed usiamo gli elettrodomestici perché sappiamo che ogni casalinga è interessata a risparmiare lavoro; offriamo tangenti agli agenti perché siamo sempre alla ricerca di "qualcosa in cambio di niente" e, se gli agenti accettano le tangenti, è perché preferiscono ottenere le loro soddisfazioni senza dispendio di lavoro. La nostra struttura dei prezzi è interamente basata su quella "legge della parsimonia".

In effetti, ogni teoria economica deve tenerne conto — e le dottrine sociali che prescindono da questa si dimostrano impraticabili. Quando, ad esempio, viene proposto che gli imprenditori debbano vendere i propri prodotti a meno del costo di produzione, o a meno di quello che altri sono disposti a pagare per essi, ecco che assistiamo alla formazione del cosiddetto "mercato nero". La nostra reazione immediata al concetto socialista secondo cui gli uomini lavoreranno con poca attenzione ai guadagni, è di considerarlo senza alcun senso; gli esseri umani non si comportano in questo modo.

Ora la Società, il Governo e lo Stato sono istituzioni fatte dagli uomini, e deve essere dato per scontato che anche queste siano espressioni di questa legge del comportamento umano.

Se in tutti i suoi compiti egli è sempre motivato da questa avversione al lavoro, perché dovremmo supporre che essa non svolga alcun ruolo nell'organizzazione sociale e politica che si dà? Egli non subisce alcuna mutazione, quando parliamo di Società e politica: è ancora lo stesso uomo. Forse, dopo tutto, le sue istituzioni sono, in un modo o nell'altro, analoghe ai meccanismi di risparmio di lavoro. Ha più senso condurre un'indagine sulle sue istituzioni con una tale ipotesi piuttosto che iniziare a postulare l'idea che le sue istituzioni derivino da forze a lui esterne, forze che lo utilizzano come strumento, non come il creatore, come pensano i metafisici ed i socialisti.

In correlazione con questa "legge della parsimonia" c'è un'altra caratteristica costante dell'essere umano, che getta luce sulle sue istituzioni. È il fatto che egli sia l'unico animale i cui desideri non sono mai soddisfatti. Egli non evita il lavoro al solo scopo di rifuggire il lavoro in sé: non è pigro. Infatti, lo troviamo ad investire ogni risparmio del lavoro in un nuovo desiderio, uno di cui difficilmente era a conoscenza prima che avesse un surplus di energia da mettervi a disposizione. Quando padroneggia l'arte di entrare in possesso dei mezzi di sussistenza e trova facile tale compito, comincia a pensare alle tovaglie ed alla musica per accompagnare i propri pasti. La sua vita consiste in una salita costante verso altezze più elevate, ad un punto in cui queste sono chiamate lussi o soddisfazioni marginali quali libri, francobolli rari, baseball e Beethoven. I desideri dell'uomo sono illimitati.

Ma ogni nuovo passo nella ricerca di una vita più piena deve essere preceduto da alcuni collegamenti per la messa in sicurezza di quelle cose di cui gode abitualmente, ed i lussi diventano necessità in proporzione alla facilità con cui può averli.

Fin dall'inizio dei tempi, per quanto ne sappiamo, l'uomo è stato un risparmiatore di lavoro, un capitalista, non al fine di accumulare energia ma per spenderla verso risultati più grandi. È per questo motivo, come vedremo, che la Società diventa il suo habitat naturale.

La "legge della parsimonia" non sostiene che gli uomini soddisfino sempre i propri desideri col minimo sforzo; afferma invece come essi tentino di farlo. L'ignoranza del più breve percorso, del mezzo più semplice, è la ragione del suo prendere la via più lunga. Prima che venisse a conoscenza dell'automobile, il proprietario del carro trainato da buoi doveva prendersi cura delle cose trasportate, ma è stata la sua avversione al lavoro che gli ha fatto inventare questo miglioramento primitivo rispetto al camminare a piedi ed è stato questo stesso stimolo a portarlo all'invenzione dell'automobile; la velocità rappresenta un risparmio di sforzi verso la realizzazione di un risultato. Lo psicopatico ruba perché pensa che sia il modo più semplice per soddisfare i propri desideri, laddove il monopolista scaltro escogita modi per migliorare la propria situazione senza passare per lo sforzo che la concorrenza gli avrebbe imposto. Ogni crimine nel calendario, ogni male sociale, ogni imbroglio dei politici è riconducibile alla "legge della parsimonia". Così come ogni progresso nelle scienze e nelle arti.

Sarebbe vano moralizzare su questa avversione al lavoro in quanto lavoro: tanto amorale quanto i capelli sulla testa di un uomo. Ma se si guarda alla psicologia umana, si può trovare il germe di un principio etico in questa legge comportamentale. Si scoprirà che il valore che la persona attribuisce a sé stessa è misurato in termini del lavoro che deve impiegare per soddisfare i propri desideri. Il suo ego si espande o contrae in proporzione al costo del lavoro della sua vita.

Così, uno schiavo che dai propri sforzi ricavi una magra esistenza tara su questa la propria disposizione mentale, sviluppando ciò che chiamiamo una psicologia da schiavo: cioè, non si considera di più di quello che ottiene. D'altra parte, il "pezzo grosso" tra i gangster ha una grande stima di se stesso perché, senza alcuna spesa di lavoro, è in grado di vivere nel lusso. L'opinione di sé mantenuta dallo schiavo e dal "pezzo grosso" è condivisa dai rispettivi contemporanei semplicemente perché le loro opinioni di sé sono misurate in modo del tutto analogo. L'ammirazione che accordiamo all'uomo opulento e il nostro godimento riflesso dei lussi del cinema evidenza il meccanismo della "legge della parsimonia": non è tanto la nostra invidia a essere provocata, poiché questa suscita in noi solo l'emulazione o il furto, quanto piuttosto il fatto che quanto desideriamo sia stato acquisito senza la spesa di alcuno sforzo visibile.

È il *summum bonum*.

Ciò premesso, un'economia gestita in modo da fornire un'abbondanza generale, un'economia di abbondanza, deve migliorare l'autostima o il morale di chi ne gode, mentre un'economia di scarsità ha l'effetto opposto; per dirla altrimenti: prezzi bassi (o facilmente accessibili) inducono un aumento dei valori umani, mentre i prezzi elevati (in termini di spesa del lavoro) tendono a deprezzarli. Questo però è un discorso a parte. Il punto è che ci sono conseguenze morali alla "legge della parsimonia".

Qualsiasi altro attributo l'essere umano introduca nell'ordine sociale di cui è parte integrante, la sua volontà di vivere viene prima nella gerarchia; essa non è semplicemente un aggrapparsi alla vita, ma anche uno stimolo a migliorare la propria situazione e ad ampliare i propri orizzonti.

Ciò è innato; il Nirvana, o la negazione del desiderio, è una caratteristica acquisita che richiede un notevole esercizio di volontà. La volontà di vivere è accompagnata dai mezzi e metodi che le sono connaturati — la tendenza ad evitare il lavoro.

La Società può essere spiegata da altre caratteristiche umane, come ad esempio il costrutto metafisico, le sue aspirazioni culturali ed il suo desiderio di compagnia, tuttavia queste sono variabili discutibili. Non vi è dubbio circa la persistenza e l'universalità degli attributi sopra citati, che quindi devono essere considerati degli imperativi: in qualunque altro modo cerchiamo di spiegare Società, Governo e Stato, non possiamo ignorare "l'uomo economico".

Capitolo 4: La Società sono le persone

La Società è un concetto collettivo e nient'altro; si tratta di una convenzione per indicare un certo numero di persone. La stessa cosa vale per la famiglia o le bande, o qualsiasi altro nome diamo ad un conglomerato di persone. La Società è differente rispetto a questi altri nomi collettivi poiché veicola l'idea di uno scopo o un punto di contatto in cui ogni individuo detiene un interesse, pur mantenendo intatta la propria identità e il perseguimento dei propri affari. Una famiglia è tenuta insieme da legami familiari, una folla consiste in un certo numero di persone tenute insieme da un'impresa comune, come ad esempio una partita di baseball o una conferenza.

La Società, d'altra parte, abbraccia il padre ed il figlio, il dottore ed il contadino, il finanziere ed il lavoratore - una gamma di persone occupate in tutta una serie di mestieri e professioni e dedicate a una certa varietà di scopi, tutti personali ma allo stesso tempo tenuti insieme da un fine comune. Ma la Società rimane una parola, non un'entità. Non è una "persona": se un censimento stabilisse l'esistenza di cento milioni di persone, non una di più, non potrebbe aversi alcun accrescimento della Società se non attraverso la procreazione. Il concetto di Società come persona metafisica fa cilecca quando osserviamo come la Società si dissolva allorquando le sue componenti si disperdono, come nel caso delle "città fantasma" o di una civiltà di cui abbiamo appreso l'esistenza solo dai reperti che si è lasciata dietro. Quando scompare l'individuo, scompare anche l'insieme.

Tale insieme non ha una vita a sé stante.

Usare un nome collettivo con un verbo al singolare ci trae in inganno; siamo propensi a personalizzare la collettività ed a pensare che abbia un corpo ed una psiche indipendenti, per poi trasferire in questa fabbricazione mentale alcune abitudini o caratteristiche degli individui reali; scegliamo dall'eterogeneità di questi ultimi alcuni tratti comuni e li ascriviamo all'immagine nella nostra testa. Ci ritroviamo così a parlare di Società dei Mormoni, di Società agricola, di Società avanzata; in realtà la Società non può essere religiosa, non ha un'occupazione, è incapace di progredire; ci sono solo gli attributi delle singole persone. È un gioco di prestigio. Inventiamo una parola per creare un'impressione piuttosto che un fatto verificabile, poi la usiamo come se rappresentasse davvero un fatto verificabile.

Tutto ciò è evidente e non varrebbe la pena di spiegarlo se questo uso formale non ci avesse condotto in un vicolo cieco. Descrivere la Società come se fosse una persona ci abitua a giudicare ogni membro del gruppo in base all'impressione dell'insieme, e ad agire in base a tale giudizio. Attraverso questo trucco mentale la patologia deliberata della gerarchia Nazista fu trasferita a tutti i Tedeschi e, in quanto nostri nemici, decidemmo che il solo tedesco buono fosse un tedesco morto. La smania di massa verso la guerra è un prodotto di questa abitudine alla personificazione; diventa poi una questione di onore, non di omicidio, distruggere l'uniforme di questa personificazione. Questa negazione dell'individuo attraverso l'uso delle parole è la premessa per un qualsiasi ragionamento socialista: il socialismo non ha una ragione valida per esistere finché l'individuo, proprio come un grumo di zucchero, non viene letteralmente dissolto nella personificazione di una classe. Ogni schema politico per "migliorare" la Società si basa su questi giochi di parole.

Per questa ragione è necessario specificare come la Società non sia altro che una parola pratica, un simbolo, e che stiamo parlando di persone, ciascuna guidata dall'impellenza primordiale di vivere secondo i propri modi e dalle limitazioni delle capacità dei suoi abitanti. La Società è un'istituzione sviluppata dall'uomo per promuoverne gli scopi ed aspirazioni. È qualcosa che lo aiuta a migliorare la propria condizione, risparmiando fatica.

Ogni cosa ha un inizio, e l'inizio della Società ha da sempre attirato la curiosità del ragionamento filosofico. In questo campo è quasi diventato un assioma che la Società abbia avuto inizio dalla famiglia. Ciò potrebbe e non potrebbe essere vero. Tuttavia, la teoria non spiega l'organizzazione di gruppi i cui legami di consanguineità erano mancanti, come spesso accadeva nella colonizzazione dell'America o del nostro Ovest. Se ci sia mai stata una "prima" Società, è ragionevole presumere che sia nata proprio come queste comunità; presumendo, ovviamente, che l'uomo sia sempre stato quello che è. Sulla nascita e lo sviluppo di queste comunità abbiamo testimonianze dettagliate – sono avvenute proprio sotto i nostri nasi – e la loro gestazione ha seguito una via così uniforme da poter loro conferire il titolo di principio della Società.

Da solo o con famiglia al seguito, ogni pioniere stabilitosi su un appezzamento attorno al quale in seguito si sviluppò una metropoli fu spinto a procurarsi ogni necessità lì dove la natura poteva fornirgliele quasi pronte. Che si trattasse di un evaso di galera o di un perseguitato religioso, questo fatto non cambiava. Essendo umano, selezionava come luoghi d'attività quelli in cui, grazie alla fertilità del terreno, alla fornitura d'acqua e all'abbondanza di selvaggina, potesse ricavare il più alto dei rendimenti in compenso del proprio lavoro.

Il bracciante nel secondo carro della fila è parimenti influenzato nella selezione di un luogo in cui stare, ma trovandosi a scegliere tra pari destinazioni deciderà per quella vicina al suo predecessore. Perché? La consolazione ed il conforto della compagnia sono un fatto da prendere in considerazione. Tuttavia, una vicinanza mantenuta al solo scopo di non restare soli è cosa di ben poco conto: non durerà a lungo, a meno che non venga instaurato un legame sostanziale. Tale legame è rappresentato dall'aumento delle soddisfazioni reso possibile dalla cooperazione nella costruzione di una casa, nella raccolta di legna da ardere, nello squartare un animale. In molti lavori due individui possono produrre più del doppio di quello che può fare il singolo, mentre alcuni compiti non potrebbero essere portati a termine da un solo uomo. Il risultato di questo sforzo di cooperazione crea più soddisfazioni, più rendimenti. Prospera la socievolezza in base ai profitti reciproci della cooperazione e, quando osserviamo come la conoscenza maturi in amicizia (all'aumentare dei livelli di rendimento reciproci), è difficile dire quale sia la causa e quale l'effetto. L'immigrazione nella comunità è proporzionale alle opportunità di impiego profittevole consentite da questo ambiente rispetto ad altri: i nuovi lavoratori sono tutti attratti dalla prospettiva di un miglioramento personale. Sebbene arrivino dalla tormentata Irlanda o dalle montagne della Svezia, sebbene parlino il gergo del ghetto o si crogiolino nelle consonanti Slave, che siano scappati dallo squallore delle miniere Gallesi o dalla disoccupazione del New England, trovano in questi luoghi particolari un punto di contatto comune: un'abbondanza fiorente dalla natura e dalla cooperazione. Le differenze di razza, religione, lingua e costumi stimolano curiosità ed a volte irritazione, ma il contributo di ogni lavoratore all'incremento generale di ricchezza tende a liquidare queste differenze superficiali.

L'aumento del livello di salari stimola la combinazione di particolarismi culturali. Appena la sussistenza cessa di essere un problema pressante, come evidenziato dai granai stracolmi, si pone l'urgenza di soddisfare quei desideri che durante l'economia della scarsità erano solamente dei sogni. La baita in legno, fino a ieri una reggia, è adesso in disperato bisogno di tende, mobili, quadri; un senso di dignità sprona le persone a vestirsi bene di domenica; il granaio, prima usato come luogo di culto, deve essere sostituito da un edificio appropriato ed ogni madre pensa al mondo che il proprio figlio potrebbe conquistare, se gli fossero aperte le prospettive dell'apprendimento. Ma la soddisfazione di questi nuovi desideri richiede manodopera specializzata, competenze e conoscenze che il tuttofare autosufficiente non ha. A questo punto della crescita della Società, da dentro il gruppo o da fuori, arriva un individuo che, grazie a un'attitudine verso il commercio, offrirà i propri servizi come fabbro. È la necessità di tale servizio a suggerirgli come altri saranno disposti a pagarlo almeno quanto può guadagnare dalla comune attività di approvvigionamento primario. Il movente del profitto — cioè, la voglia di soddisfare i desideri col minimo sforzo — lo trasforma in uno specialista. Il movente del profitto funziona però bilateralmente: il contadino assume lo specialista perché così potrà impiegare più proficuamente il proprio tempo lavorando come agricoltore, invece che come fabbro. La relazione tra acquirente e venditore si basa su guadagni reciproci. Lo specialista non emerge fino a quando non vi è abbastanza popolazione da aver bisogno di lui, e fino a quando quella popolazione non ha raggiunto un certo grado di benessere. È il lavoro nelle stalle, il capitale, che fa emergere la possibilità di assumere un sarto, un predicatore, un insegnante o un venditore ambulante, così da sbarazzarsi dei lavori "fai da te" imposti dalle necessità ed eseguiti alla bene meglio, ritardando quelli che invece sono meglio attrezzati a fare.

L'accumulo di capitale è il prerequisito indispensabile alla specializzazione. Mano a mano che nuovi produttori affluiscono nella nascente comunità, sia in veste di specialisti o fornitori di servizi primari (i quali, trasferendo ad altri le proprie mansioni marginali, a propria volta diventano specialisti), aumenta il capitale o i saldi di conto corrente, cosa che risveglia nuovi desideri. Questo è il modo di agire degli esseri umani. In un secolo o due, l'accumulo di capitale raggiunge un punto in cui il negozio del ciabattino è rimpiazzato da un calzaturificio, il venditore ambulante dal grande magazzino e la piccola scuola di paese dall'università. La specializzazione si sedimenta su altra specializzazione non per progetto consapevole e certamente non per coercizione, ma (a) per l'aumento della popolazione (b) per l'aumento conseguente nel livello dei salari e (c) per i risparmi che hanno reso possibile tutto ciò. Risalite ora da questi fattori fino al loro principio causale e arriverete al funzionamento de "l'uomo economico": sempre intento al miglioramento della propria condizione ed al suo ampliamento nel modo più efficiente a disposizione.

Stiamo parlando dell'ascesa e dello sviluppo della Società Americana. Altre integrazioni sociali, come quelle in Tibet o Abissinia, non hanno mai superato uno stadio primitivo; altre ancora, come quelle europee, hanno impiegato più tempo per arrivare ad un livello simile a quello americano. La differenza non può trovarsi nel tipo di popolazione, poiché la Società Americana è composta da un'ampia rosa di popoli del mondo, ciascuno dei quali ha giocato la propria parte economica secondo copione. Senza dubbio le condizioni climatiche e la disponibilità di risorse naturali hanno influenzato il corso della Società Americana: l'uomo, dopo tutto, è un "animale della terra".

Ma altre persone benedette allo stesso modo non "si sono spostate", o perlomeno non così velocemente, quindi per scoprirne la causa dobbiamo guardare ad alcuni vantaggi speciali di cui hanno goduto gli americani. Attraverso il classico processo di eliminazione arriviamo a determinare questo vantaggio speciale: la libertà. Non solo da ostacoli politici ma anche dalle inibizioni che la tradizione istituzionalizzata impone sulle aspirazioni dell'uomo. Il giovane americano non aveva un governo costoso da sostenere, la tassazione era bassa e lo privava solo di pochi risparmi, non esisteva alcun sistema di caste che potesse deprimere la sua autostima. In realtà di tali limitazioni ne importò un paio, ma non ebbero il tempo sufficiente per sedimentarsi ed istituzionalizzarsi fino in fondo. Era libero di plasmarsi un destino in base alle capacità personali e scelse di seguire la propria naturale inclinazione: aumentare il salario attraverso la cooperazione e la specializzazione, risparmiare parte dei guadagni per investirli in strumenti che gli avrebbero permesso di produrre di più con uno sforzo minore. Era un capitalista in libertà. Anche la Società nasce e cresce, con le proprie radici immerse nelle unità che la compongono. È tanto poco il risultato di una costruzione artificiale quanto lo è un albero, sebbene come l'albero la sua crescita può essere ostacolata da impedimenti artificiali o facilitata dalla loro rimozione. Esiste attualmente un'idea secondo cui la Società possa essere fabbricata, come una sedia o una scarpa, imponendo gli obiettivi di un gruppo di persone su un altro. Avendo compreso come la caratteristica speciale di quanto chiamiamo cultura avanzata sia la sua intensità di capitali, tale idea afferma che il mettervi mano per distribuirli a popoli "arretrati" ne velocizzerà lo sviluppo. Questa idea è tanto stupida quanto quella di forzare un bambino a stare al passo di un adulto. Non è un'industria che crea una Società, ma è quest'ultima che dà vita alla prima.

Lì dove un sarto itinerante potrebbe senz'altro prendersi cura dei bisogni di una comunità nascente in fatto d'abbigliamento, questa considererebbe un'assurdità la presenza di una fabbrica di vestiti al proprio interno; solo quando la popolazione fu abbastanza grande e produttiva da soddisfare i propri bisogni antecedenti nacque spontanea l'idea di un'acciaieria. Una gratificazione fa nascere un altro desiderio e, in caso il secondo richieda tecniche ancora sconosciute, l'uomo ne prenderà nota e le inventerà. Ma deve essere libero per farlo. Questo è ciò di cui mancano di più i popoli "arretrati": o l'espropriazione dei loro beni scoraggia la produzione e ne rende impossibile l'accumulo, oppure le abitudini indotte da istituzioni politiche o culturali inibiscono l'impulso di sognare. L'ingrediente fondamentale del progresso è la libertà. I benefici della specializzazione non sono privi di contrappesi. Mentre il pioniere si rivolge sempre di più al falegname professionista, perde quella capacità che il bisogno gli aveva fatto sviluppare, ed il figlio che alla fine succederà al padre non sarà capace di inchiodare al muro uno scaffale nella casa che suo padre aveva eretto dalle fondamenta. Il prezzo della specializzazione è l'interdipendenza: in una Società altamente sviluppata, dove il contributo di ogni lavoratore è una piccola frazione dell'intero, basarsi l'uno sull'altro è la condizione stessa dell'esistenza. New York muore di fame quando una tempesta di neve taglia i suoi mezzi di comunicazione con le fattorie. È questo fatto che alimenta la credenza fantasiosa di una Società trascendente.

Quando pensiamo alla miriade di lavoratori coinvolti nella produzione di una tazza di caffè — lavoratori nelle piantagioni e presidenti bancari, scaricatori di porto ed ingegneri ferroviari, produttori lattieri e raffinatori di zucchero — veniamo travolti dall'immensità del processo e siamo inclini a personalizzarlo; un trucco mentale non molto dissimile da quello con cui si divinizzava una tempesta altrimenti incomprensibile.

Eppure non esiste una cosa come la "produzione sociale" — se con tale termine si implica qualcosa di più della produzione individuale. La Società non può produrre qualcosa; solo gli individui producono. Sebbene siano coinvolte un milione di persone nella produzione di quella tazza di caffè, ciascuna (come individuo) l'ha influenzata con le proprie mani. Se una tra questo milione venisse rimossa senza essere sostituita, la tazza di caffè non sarebbe prodotta e perciò non raggiungerebbe il consumatore. La produzione del nastro trasportatore è in esatta proporzione al numero di lavoratori che lo azionano. Si arriva alla stessa conclusione quando ci si domanda il perché gli uomini lavorino: per soddisfare i propri desideri — e per nessun'altra ragione. Il funzionario che produce il documento di carico per una partita di caffè non è motivato da interesse in quel documento o nel caffè: fa quel lavoro solo perché in tal modo potrà soddisfare i propri desideri, tra i quali potrebbe non esservi il caffè. Se non gli fosse possibile scambiare i frutti del proprio lavoro con quanto desidera, si licenzierebbe da impiegato per dedicarsi ad ottenerlo in altro modo — forse tornando ad un'economia primitiva. Ogni lavoratore lavora per sé stesso. Ogni lavoratore è spinto a lavorare dalla volontà di vivere e non c'è modo di trasferire questa volontà ad un'altra persona o ad un gruppo di persone. Pertanto la locuzione "produzione sociale" — se significa qualcosa di più della somma totale della produzione degli individui — rappresenta solo un'astrazione maliziosa. È una locuzione che aleggia nel gergo del socialismo.

La Società è composta da Tom, Dick e Harry.

Capitolo 5: *"Ciò che si ottiene facilmente, lo si perde altrettanto facilmente"*

Poco dopo che i nostri pionieri si stabilirono nelle loro botteghe, uno di loro andò a pescare. Ciò che pescò era di gran lunga superiore al suo desiderio di mangiare, e sorse il problema di cosa farne. Il suo vicino di casa risolse il problema esprimendo il desiderio di poterne entrare in possesso. Anche quest'ultimo aveva abbondanza di un qualcosa, a quanto pare patate, di cui invece il pescatore era a corto. O forse il coltivatore si aspettava un grande raccolto di patate e promise al pescatore che quando sarebbe stato tempo di raccolto ne avrebbe messe da parte alcune per lui. In ogni caso, era stato deciso uno scambio immediato o potenziale, il cui effetto avrebbe arricchito i menu degli scambiatori. Così, con l'incremento delle loro rispettive soddisfazioni, o salari, venne piantato il seme di Main Street.

Ci sono alcuni che sostengono che la Società deve la sua origine all'istinto umano di socialità. Ma quest'ultima e lo scambio sono così strettamente intrecciati che è impossibile determinarne singolarmente la causalità, e quando si prende in considerazione che la compagnia è di per sé uno scambio, se non uno di tipo economico, fare una distinzione tra i due diventa privo di significato. Il mercato è l'anima della Società. L'uno non potrebbe esistere senza l'altro, ed entrambi devono la loro origine alla continua ricerca dell'uomo di una vita più piena. È il mercato che rende possibile la specializzazione, poiché è il mezzo attraverso il quale l'abbondanza prodotta dallo specialista, ovvero ciò che non soddisfa direttamente i suoi desideri, si traduce in cose che li soddisfano.

E non importa quanto sia grande la popolazione, quanto variegata diventi la specializzazione, quanto sia intricata la tecnica del commercio, il mercato è semplicemente il mezzo con cui si dà via ciò che si vuole di meno per ottenere ciò che si vuole di più.

Quello che *si vuole* di meno in cambio di ciò che *si vuole* di più! Ogni scambio, dunque, ha origine dal desiderio, il desiderio del venditore ed il desiderio del compratore. Ognuno è consapevole della necessità impellente di entrare in possesso della cosa offerta (situazione che di conseguenza porta a valutare inferiormente la cosa ceduta) e quando lo scambio è concluso, queste esperienze puramente soggettive trovano un punto d'incontro, qualcosa che noi chiamiamo prezzo.[2] Ma prima del prezzo e dello scambio, viene la capacità umana di creare una vasta gamma di desideri. Ed è un processo psicologico a cui diamo il nome di valore.

La speculazione sulla natura del valore cerca spesso di imbrigliare anche una formula di utilità: quanto è utile la cosa a cui si rinuncia rispetto alla cosa che si acquista. Ma la matematica è incapace di misurare la variabile sfuggente del desiderio umano. La ricchezza di una nazione viene misurata in miliardi; quanto valore associa alla ricchezza della nazione il cittadino affamato? I proprietari di obbligazioni e mutui danno un certo valore a questa carta perché consentono loro di soddisfare i propri desideri, ma per il debitore rappresentano un disagio.

---

[2] Se questo fosse un libro di economia, sarebbe necessario entrare in una discussione sulla moneta. Ma ciò risulterebbe al di fuori del campo di applicazione della presente analisi. Né verrà pienamente analizzato il concetto di valore, a cui questo capitolo è dedicato, come uno studente di economia si potrebbe aspettare, ma verrà trattato solo come una nota esplicativa sulle istituzioni sociali e politiche.

Le cifre non possono esprimere la soddisfazione di una donna che entra in possesso di una lavatrice, o la repulsione di una "donna in carriera" per la stessa. Il perché le persone vogliono qualcosa, perché valutano una stessa cosa diversamente nel tempo, perché preferiscono una cosa rispetto ad un'altra, sono tutte domande che non possono trovare risposta con la matematica. Quando guardiamo alla radice del valore, arriviamo ad uno dei tanti enigmi della vita. Eppure, come molti altri fenomeni che sfuggono ad un'analisi completa, il valore rappresenta una funzione abbastanza incomprensibile, e come tale spiega il mercato il quale è l'*alter ego* della Società.

L'essenza del valore è la capacità umana di misurare l'intensità del desiderio. Quando i due pionieri hanno barattato le cose che avevano in abbondanza, i loro desideri erano limitati al necessario. Quando l'aumento della popolazione permette una maggiore suddivisione del lavoro, e quindi una maggiore varietà di beni e servizi, il problema di valutare i desideri e di esercitare la propria volontà a favore di questa o quella soddisfazione diviene anch'esso più intricato. Quando la scelta si riduce tra una pelle di orso e l'andare nudi, il problema delle vesti è prontamente risolto. Ma ora la questione riguarda una scelta tra un abito a due e tre bottoni, tra il blu ed il grigio, per non parlare della qualità della lavorazione o delle dimensioni; inoltre la popolazione ha portato una nuova influenza a supporto della valutazione, quella dell'opinione pubblica, e di conseguenza lo stile ha ricoperto un ruolo cruciale. Prima del problema legato all'abbigliamento, deve esse presa una decisione tra l'abbigliamento stesso e la bardatura per il cavallo o una serie di libri per i figli. I desideri sono molti. Nella natura delle cose, cosa ci spinge verso una decisione a favore di una gratificazione rispetto ad un'altra? Come si misura l'intensità del desiderio?

La risposta che l'uomo dà a questa domanda è un rapporto tra variabili: prendendo in considerazione fattori come inclinazione, ambiente e necessità, quella gratificazione che produrrà più soddisfazione secondo il suo giudizio e che sarà raggiunta in cambio del minimo sforzo. Infatti sta scritto nel libro della vita che il costo di ogni "bene" è quella cosa indesiderabile chiamata sforzo. Così il lavoro, in contrapposizione al desiderio, è il determinante ultimo del valore. Teniamo a mente, tuttavia, che non si tratta del lavoro investito nella produzione del "bene" che ne fissa il valore — né il "costo di produzione" — ma il lavoro che si deve impiegare per entrarvi in possesso.[3] Il pescatore non era inconsapevole dello sforzo necessario per ottenere il pesce, sforzo che avrebbe potuto impiegare per coltivare le patate, e l'altro pioniere sa quanto tempo ha investito nei suoi tuberi. Questa consapevolezza del costo del lavoro influisce molto sulle loro rispettive valutazioni in relazione alle cose offerte nello scambio; pertanto il costo di produzione (o il costo di riproduzione) tende ad approssimare il prezzo della gratificazione. Non servirebbe ai fini di questo saggio — che è interessato alle forze economiche alla base delle istituzioni sociali — approfondire la teoria, o le teorie, del valore, o il prezzo. È sufficiente ricordare che se non fosse per questa capacità umana di fare valutazioni non esisterebbe il mercato, e se non esistesse più il mercato non esisterebbe nemmeno la Società. Nonostante tutto il pensiero recondito posto in questo argomento, non esiste definizione di valore più definitiva di quella che recita: "ciò che si ottiene facilmente, lo si perde altrettanto facilmente".

---

[3] La teoria secondo cui il valore di una cosa è determinata dal lavoro speso fa fiasco quando riflettiamo sulle cose di valore che non possono essere prodotte — che non hanno un costo di produzione" — come le spiagge, i brevetti, i privilegi di monopolio e i cimeli di famiglia.

Ciò che si acquisisce con poco sforzo lo si cede con poca riluttanza se in questo modo si può entrare in possesso di qualcosa di voluto; d'altra parte, se ottenere un paio di scarpe richiede l'impiego di un mese di lavoro, entra in gioco un'influenza inibitoria e forse le vecchie scarpe torneranno ad essere più utili per un periodo di tempo più lungo. È questa interazione di due forze psicologiche — intensità del desiderio ed avversione al lavoro — che rappresenta l'essenza del valore, ed ogni tentativo di ridurlo ad una formula matematica è futile; farlo richiederebbe una comprensione dei meccanismi interni di ogni individuo, in ogni circostanza, e richiederebbe onniscienza. Quando viene terminato uno scambio, le forze psicologiche si acquietano e questo atto oggettivo è un fatto storico che è misurabile; cioè, il prezzo pattuito ci dice qualcosa su quello che l'acquirente e il venditore hanno pensato prima che avesse luogo lo scambio. Non c'è modo di misurare le loro esperienze emotive precedenti. Ed anche così, anche dopo che è stato terminato lo scambio, non si può dire con certezza che verrà ripetuto. La determinazione del valore futuro si basa in gran parte sulle congetture. Ecco perché ci sono delle vendite "scontate".

Questa impossibilità di fissare i valori futuri è la roccia su cui si fonda la "pianificazione economica". Non solo il pianificatore è senza dati su cui basare le sue prognosi, ma neanche il pianificato può fornirglieli. Nessuno può predire con certezza cosa vorrà in futuro o quanto lo vorrà, perché nessuno può prevedere le influenze che determineranno le sue decisioni. Oggi uno può essere ansioso di avere un cappello, ma domani si potrà convincere che quel copricapo gli causerà la perdita dei capelli e deciderà di farne a meno; o la riparazione del suo tetto risulterà un bisogno più pressante rispetto all'automobile che aveva sempre sognato; o una diminuzione del suo reddito lo costringerà a rivalutare i suoi desideri.

La variabilità delle scelte rende più precarie le previsioni, i produttori lo sanno bene. Il meglio che il progettista possa fare è prevedere i desideri "medi" sulla base delle esperienze passate. Ma ciò elimina necessariamente i desideri della minoranza dell'anno precedente, i quali quest'anno potrebbero diventare la maggioranza.

Di fronte a questo problema, il "pianificatore economico" deve ricorrere alla costrizione, alla limitazione di scelta, allo strangolamento della fantasia. Il pianificatore si impegna a prescrivere ciò che l'individuo *dovrebbe* desiderare, e lo fa in base alla sua convinzione di sapere meglio ciò che è "bene" per l'individuo. Dato che è sul mercato che si esprime la variabilità della scelta, attraverso il prezzo, la presunzione del pianificatore lo porta a tentare di controllare il consumo mediante il controllo sui prezzi.

Ma i prezzi non sono controllabili, proprio perché i desideri non sono controllabili.

L'ostacolo alla libera scelta che impone il pianificatore agisce come una diga su un fiume; l'acqua non smette di scorrere ma o trabocca dalla diga o si diffonde in un lago. Il controllo sui prezzi non mette un freno a ciò che si vuole e che si compra; crea semplicemente quello che la propaganda chiama "mercato nero", che in realtà rappresenta il vero mercato, un po' distorto ma comunque vero. Può essere illegale ma è altamente morale, perché nasce dal diritto dell'individuo su se stesso, sul prodotto delle sue fatiche e sul perseguimento della felicità (che è l'essenza della vita). Poiché risulta impossibile il controllo sul consumo mediante prezzi fissi, il pianificatore passa ad ostacolare la specializzazione produttiva.

Cioè, si impegna a *desocializzare* la Società.

Come abbiamo visto, gli uomini si incontrano e collaborano per il miglioramento delle loro condizioni — per aumentare il loro livello salariale comune — e realizzano questo scopo attraverso la specializzazione; qualsiasi tentativo di distorcere la specializzazione è quindi innaturale e regressivo; nella misura in cui riuscirà in questo compito, tenderà a rompere l'integrazione o a ritardarne la crescita. Gli uomini devono quindi andare avanti con meno. Ma non è nella natura degli uomini andare avanti con meno, e per contrastare questa spinta interiore il pianificatore deve ricorrere alla violenza. In ultima analisi la "pianificazione economica" poggia sull'epurazione. Da cosa? Dagli impulsi su cui è costruita la Società. Il "pianificatore economico" non controlla i prezzi o la produzione; controlla gli uomini. Il valore è un'esperienza profondamente umana, ed è individuale. Non c'è modo per l'individuo di trasferire i suoi concetti di valore a qualcun altro; non vi è modo di collettivizzare il valore. È un rapporto tra l'intensità del desiderio e l'avversione al lavoro, e può essere paragonato ad un metro di misura su cui è registrata la stima con cui l'uomo impiega le sue energie. È l'enunciazione economica della sua autostima. Quando una grande offerta di cose di cui vive riduce la quantità di lavoro con cui può acquisirle, ne giova la sua autostima; l'energia risparmiata diventa investibile in un ulteriore miglioramento delle sue condizioni. Il suo orizzonte si espande. Pensa a Beethoven ed al baseball grazie alla facilità con cui possono essere soddisfatti i suoi desideri primari. Un'abbondanza generale, quindi, è sinonimo di prezzi bassi e di un orizzonte della vita allargato. Al contrario, prezzi alti causati da una scarsità di beni significano più energia spesa per soddisfare le proprie esigenze; il valore dello sforzo umano è diminuito. Più le cose costano meno, più l'uomo diventa ricco.[4]

---

[4] Facciamo un esempio esplicativo. Un venditore offre un costoso capo di biancheria intima ad un agricoltore del Sud Dakota. Siamo nell'autunno

Quindi è attraverso la produzione e l'abbondanza che l'uomo aumenta il livello salariale e la sua autostima. La sua ricerca della felicità è favorita dalla facilità con cui può acquisire soddisfazioni, ed è ostacolato dalle difficoltà che possono interporre la natura o le istituzioni artificiali. Tra i dispositivi che consentono di facilitare il lavoro, e di conseguenza lo scambio, c'è il denaro. Esso è il segno che è stato prodotto qualcosa di un certo valore e, per consuetudine e consenso comune, è accettato come un credito nei confronti della produzione di un valore paragonabile. È una merce che, nella zona in cui è generalmente riconosciuto il suo valore, è scambiabile con tutte le altre merci ovviando così all'obsoleto baratto. Ma in sé non ha nessun valore, se non come metallo o carta, ed è solo valutato perché viene accettato sul mercato come prova che sono stati resi disponibili beni o servizi, che l'abbondanza generale è stata aumentata dal lavoro. In ultima analisi, il denaro è dato in cambio di servizi offerti; per questa ragione raggiunge importanza come misura di valore. Tuttavia il metro di misura non può sostituirsi ai beni misurati, ed il denaro non rappresenta la produzione. L'ampia accettazione della misurazione del valore suggerisce al "pianificatore economico" che può controllare il consumo e regolare la produzione manipolando questo metro di misurazione. Portando surrettiziamente lo standard di 36 centimetri a 33 centimetri, egli induce l'acquirente a credere di aver acquisito più beni.

---

del 1934, quando il lavoro rendeva poco. Il potenziale acquirente resta silente mentre il negoziante si fa sempre più loquace. Quest'ultimo cerca di chiudere l'affare e dice: "Cosa ne pensi John?" E John risponde: "Sto pensando a quanta lana io debba rinunciare per questo capo di biancheria". Stava semplicemente soppesando il suo desiderio di un maggiore comfort con il costo in termini di lavoro. Forse stava soppesando il suo desiderio di un maggiore comfort con la necessità della sua famiglia di mangiare. Parlando di esseri umani, parliamo anche di valore.

Ma questo trucco non ha affatto prodotto più beni, e l'acquirente scopre che la tela acquistata non è sufficiente per gli abiti che intendeva cucire. È stato truffato. Come risultato di questa esperienza, la sua stima del denaro diminuisce; chiede di più in cambio del suo lavoro. E questo è tutto quello che ha raggiunto il "pianificatore economico" con la sua operazione di contraffazione; non controlla né il consumo né regola la produzione. Fino a quando non viene scoperto il suo inganno, la Società viene derubata di una parte della sua produzione; ma la rapina, quando scoperta, indebolisce la fiducia nel mercato, scoraggia la produzione (e quindi il consumo), fino a quando la Società non insiste sulla correzione del torto subito. L'effetto netto dell'inflazione, della svalutazione del denaro, è quello di ritardare la ricerca della felicità. In sintesi, la forza motrice della Società è la capacità umana di valutare i desideri e fare scelte. Se non fosse per questi fenomeni, il mercato non sarebbe mai esistito e l'abbondanza della specializzazione risulterebbe impossibile. E l'uomo sarebbe ridotto a vivere di quello che troverebbe in natura, come gli altri animali. Nessun altro animale dà prova di una coscienza dei desideri paragonabile a quella dell'uomo. Nessun altro animale mostra una capacità di misurare un desiderio rispetto ad un altro o di agire in base ad una decisione risultante da tale ragionamento; cioè, rinunciare deliberatamente al possesso di una cosa desiderabile allo scopo di acquisirne un'altra desiderata maggiormente. Nessun altro animale opera scambi. D'altra parte, questo potenziale pervade l'esistenza stessa dell'uomo; potrebbe esistere a stento senza una percezione riguardante il valore. Dalla culla alla tomba, l'uomo opera sempre distinzioni sulla desiderabilità. Dovrebbe giocare con questo o quel giocattolo, studiare legge o medicina, mangiare pesce o pollame, indossare un cappello rosso o bianco — cosa considera con più favore?

Cosa gli darà la soddisfazione più grande, cosa gli causerà il minimo disagio, prendendo in considerazione tutte le influenze del caso? Anche quando risponde "Non m'importa" — con una certa auto-abnegazione — viene costantemente chiamato a prendere decisioni a supporto di questa scelta. Se le decisioni di un uomo siano giuste o sbagliate, se pensa che qualcosa di desiderabile sia in effetti più dannoso oppure alla fine gli fornirà un rendimento insufficiente per la quantità di sforzo investita, è qualcosa che va al di là della presente analisi. L'ignoranza influenza senza dubbio il suo giudizio, e giocano la loro parte anche le limitazioni poste su di lui dalle circostanze e dall'ereditarietà. Ciò non toglie che la sua vita sia costituita da una sequenza di scelte, e che il valore sia la sua guida costante nella ricerca di un'esistenza migliore e più piena. Dovremmo concludere che la sua appartenenza alla Società non è un questione di scelte, ma un evento miracoloso? È stata la predestinazione o un semplice impulso animale che spinse il secondo pioniere a diventare il vicino di casa del primo? Oppure è stato un giudizio basato su una certa percezione del valore? Dal punto di vista della scienza politica, e tenendo a mente la validità etica della coercizione politica, la domanda è: la Società scaturisce dalla volontà dell'uomo o dalla volontà di Dio? Quando consideriamo i profitti della cooperazione — di cui l'uomo è giudice — chiamare in causa l'intenzione divina è gratuito, e forse malizioso. L'uomo è il miracolo, ma le sue istituzioni sono del tutto razionali. La Società è nata quando l'uomo è incappato nei benefici della specializzazione e del commercio. Questo non vuol dire che sia entrato a far parte della Società contrattualmente, proprio come si potrebbe entrare a far parte di un club; ma è piuttosto la sua volontà di vivere che lo spinge a partecipare ai benefici del mercato. È il suo senso del valore che trasforma un branco di individui in un gruppo cooperante.

Capitolo 6: L'umanità del commercio

Qualunque posto ove due ragazzi si trovino a scambiare dei tappi per delle biglie, può considerarsi un mercato. Il semplice baratto, in termini di felicità umana, non è diverso da una transazione commerciale che coinvolge operazioni bancarie, assicurazioni, navi, ferrovie, stabilimenti all'ingrosso ed al dettaglio; poiché in ogni caso l'effetto e lo scopo del commercio è quello di soddisfare un certo bisogno. Il ragazzo con una manciata di biglie ha un deficit di felicità a causa della mancanza di tappi, mentre l'altro è altrettanto insoddisfatto a causa del suo bisogno di biglie; entrambi stanno meglio dopo lo scambio.

Allo stesso modo, l'operaio di Detroit che ha contribuito a costruire uno stock di automobili ora in magazzino non sta meglio grazie ai suoi sforzi fino a quando il prodotto non viene spedito in Brasile in cambio della sua tazza giornaliera di caffè. Il commercio non è altro che la cessione di ciò che si ha in abbondanza per ottenere qualcos'altro che si desidera. Vale la pena ringraziare (per lo scambio *ndr*) sia per l'acquirente che per il venditore. Il mercato non consiste necessariamente di un luogo specifico, anche se ogni operazione deve avvenire da qualche parte. Si tratta più precisamente di un sistema di canalizzazione di beni o servizi da un operatore ad un altro, dal produttore al consumatore, da dove esiste una sovrabbondanza a dove c'è un bisogno.

È un metodo ideato dall'uomo nella sua ricerca della felicità, del benessere, ed operante solo con l'istinto umano nel riconoscere il valore.

La sua funzione non è solo di trasferire la proprietà da una persona all'altra, ma anche di indirizzare lo sforzo umano; l'indicatore grafico dei prezzi di mercato registra i desideri delle persone, nonché l'intensità di questi desideri, in modo che altre persone (in cerca di giovamento) possano conoscere il modo migliore per impiegare se stesse.

Vivere senza il commercio sarebbe possibile, seppur complicato; nella migliore delle ipotesi, sarebbe mera esistenza. Prima dell'avvento del mercato, gli uomini erano ridotti a tirare avanti con ciò che potevano trovare in natura per quanto riguardava il cibo e di che coprirsi; niente di più. Ma la volontà di vivere non è solo volontà di esistere; è piuttosto uno stimolo per raggiungere un godimento più pieno della vita, ed è col commercio che questo istinto interiore raggiunge un certo grado di appagamento. Maggiore è il volume e la fluidità delle transazioni nel mercato più alto sarà il livello salariale della Società; e, nella misura in cui beni e servizi generano la felicità, più alto è il livello dei salari maggiore è il grado di felicità.

L'importanza del mercato per il pieno godimento della vita è illustrato da una consuetudine registrata da Franz Oppenheimer su *The Stute*. Una volta, nei periodi nei quali erano celebrati in maniera quasi religiosa, il mercato ed i suoi approcci erano considerati inviolabili anche da parte di ladri professionisti; infatti, uscendo dal personaggio, questi ladri agivano come poliziotti sulle rotte commerciali, facendo in modo che i commercianti ed i carovanieri non venissero molestati. Perché? Perché avevano accumulato un eccesso di refurtiva di un certo tipo, più di quanto potessero consumare, e il modo più semplice per trasformarlo in ulteriore benessere attraverso il commercio.

Il troppo, di qualunque cosa, è pur sempre troppo.

Il mercato non serve solo a condividere gli eccessi di produzione resi possibili dalla specializzazione umana, ma è anche un distributore della generosità natura. Perché, seppur con i suoi modi imperscrutabili, la natura ha diffuso le materie prime, con le quali gli esseri umani vivono, su tutta la superficie terrestre; se non fosse stata concepita una qualche logica per la distribuzione di queste materie prime, esse non avrebbero avuto alcuna utilità per la razza umana. Così, attraverso il commercio, il pesce, dal mare, raggiunge il tavolo del minatore ed il carburante, dalla miniera dell'entroterra o dai pozzi, arriva alle caldaie della barca da pesca; i frutti tropicali sono messi a disposizione dei popoli del nord, le cui miniere di ferro, trasformato in strumenti, rende più facile la produzione industriale ai tropici. È col commercio che i magazzini naturali sono resi accessibili a tutti i popoli del mondo e che la vita su questo pianeta diventa ancora più piacevole.

Pensiamo al commercio come il baratto di cose tangibili semplicemente perché questo è ovvio. Ma un correlativo dello scambio di beni materiali è lo scambio di idee, dell'accumulo di competenze e cultura tra le parti coinvolte nella transazione. In effetti, nelle merci è contenuto l'ingegno dei produttori; le eccellenti lane importate dall'Inghilterra portano prove dei segreti fondamentali dell'arte della tessitura, e le sete Giapponesi suscitano curiosità per le tecniche alla base della loro lavorazione. Acquisiamo conoscenza delle persone attraverso i beni che riceviamo da loro. Oltre al dato commerciale, c'è il fatto che lo scambio coinvolge una rete di umani; e quando gli esseri umani si incontrano, o fisicamente o tramite mezzi di comunicazione, vengono scambiate idee. L'incontro è l'olio che lubrifica ogni operazione di mercato.

Fu solo dopo che Cuba e le Filippine entrarono nella nostra orbita commerciale che si animò l'interesse per la lingua spagnola e per i costumi di quei luoghi, e l'interesse è aumentato in proporzione al volume dei nostri scambi commerciali con il Sud America. Di conseguenza, gli americani della generazione attuale hanno familiarità con i balli e la musica spagnola così come i loro antenati, sotto l'influenza dei contatti commerciali con l'Europa, l'avevano con il minuetto francese ed il valzer viennese. Quando le navi cominciarono ad arrivare dal Giappone, portarono con sé storie di un popolo interessante, storie che arricchirono la nostra letteratura, ampliarono i nostri concetti d'arte, e contribuirono al nostro repertorio operistico.

Non è che il commercio in sé richieda una certa comprensione dei costumi del popolo con il quale si negozia, sono le merci che suscitano la curiosità per la loro fonte, e le navi cariche di merci sono seguite da altri esploratori che portano delle idee; il porto aperto è come un magnete per i curiosi. Per questo motivo, la tendenza del commercio è quella di abbattere la ristrettezza del provincialismo, liquidare la sfiducia dell'ignoranza. La Società, quindi, nella sua accezione più completa, comprende tutti coloro che per migliorare le loro diverse circostanze si dedicano al commercio con altro popolo; il suo carattere espansivo tende al mix delle eterogenee culture dei commercianti. Il mercato unifica la Società. La concentrazione della popolazione determina il carattere della Società solo perché facilita lo scambio di contiguità. Ma la contiguità è una questione relativa, a seconda del modo di stabilire i contatti; la neutralizzazione di tempo e spazio con mezzi artificiali rende il mondo intero contiguo. L'isolazionismo che alleva una cultura non espansiva ed una diffidenza delle culture estere si sgretola tanto velocemente quanto le navi, i treni, e gli aerei portano le merci e le idee.

Il perimetro della Società non è fissato dalle frontiere politiche ma dal raggio dei suoi contatti commerciali. Tutte le persone che commerciano l'una con l'altra sono, perciò, portate all'aggregazione. Il punto viene evidenziato da una tipica strategia di guerra. Il primario obiettivo di uno Stato è quello di distruggere i meccanismi di mercato del nemico; la distruzione del suo esercito diventa solo accessoria. L'esercito potrebbe benissimo essere lasciato intatto se i suoi mezzi di comunicazione interna fossero distrutti, i suoi punti di ingresso immobilizzati, in modo che la produzione specializzata, che dipende a sua volta dalla possibilità di scambi commerciali, non possa più essere praticata; la gente, ridotta alla vita primitiva, perde così la volontà alla guerra e chiede la pace. Questo è lo schema generale di tutte le guerre. Più è integrata l'economia più forte sarà la nazione in guerra, semplicemente a causa della sua capacità di produrre un'abbondanza di attrezzature militari e beni economici; se, invece, la sua capacità di produrre viene distrutta, se il flusso di merci viene interrotto, essa sarà più suscettibile alla sconfitta, perché il suo popolo, ormai non abituato a condizioni precedenti il mercato, verrà più facilmente scoraggiato. Perde cosi di significato la questione per cui siano più necessarie le "armi" o il "burro" per la prosecuzione della guerra. Ne consegue che qualsiasi interferenza con il funzionamento del mercato è analoga ad un atto di guerra. Un dazio è un atto del genere. Quando siamo "protetti" dalla carne Argentina, l'effetto (come previsto) è quello di rendere più difficile ottenere la carne bovina, e questo è esattamente ciò che farebbe un esercito invasore. Dato che la tassa non diminuisce il nostro desiderio per le carni bovine, siamo costretti dalla minore offerta ad impiegare più lavoro per soddisfare quel desiderio; la nostra gamma di possibilità viene ridotta, perché siamo di fronte alla scelta di consumare meno carne o di astenerci dal godimento di qualche altro "bene".

La mancanza di abbondanza di carne sul mercato riduce il potere d'acquisto del nostro lavoro. Siamo più poveri, anche se ad essere bloccati sono i porti di un'altra nazione.

Inoltre, dal momento che ogni consumatore è al tempo stesso un venditore, e viceversa, il divieto imposto contro la loro carne rende difficile agli Argentini l'acquisto delle nostre automobili, cosi da limitare tale manifestazione delle nostre competenze. L'effetto di un dazio è quello di portare un potenziale acquirente fuori dal mercato. La tesi secondo cui la "protezione" fornisce posti di lavoro è palesemente fallace. È il consumatore che dà al lavoratore un lavoro, e, fintanto che si parla di fornire occupazione produttiva, il consumatore a cui viene impedito il consumo potrebbe anche morire. Per inciso, è il lavoro che vogliamo, o la carne? Il nostro istinto è quello di ottenere il massimo dalla vita con il minimo dispendio di energie. Lavoriamo solo perché lo vogliamo; la possibilità di produrre non è una benedizione, è una necessità. Né il mercato interno, né il produttore estero mettono alcunché direttamente a nostra disposizione. C'è un prezzo per tutto ciò che vogliamo e il prezzo è sempre il lavoro. Qualunque cosa ci fa impiegare più risorse per acquistare una determinata quantità o tipo di soddisfazioni non è desiderabile, poiché entra in conflitto con la naturale tendenza umana a una vita che sia la più ricca possibile. Rappresentabile mediante un dazio, un embargo, una quota all'importazione o il moderno meccanismo di aumento del prezzo delle merci straniere abbassando arbitrariamente il valore del nostro denaro. Qualsiasi restrizione del commercio, interno o esterno, fa violenza all'istinto primordiale dell'uomo di migliorare la sua situazione. Proprio come il commercio unisce le persone, tendendo a minimizzare le differenze culturali, e contribuisce alla comprensione reciproca, allo stesso modo gli ostacoli al commercio hanno l'effetto opposto.

Se il cliente *ha sempre ragione*, è facile supporre che, con colui il quale non conclude un acquisto, sia intercorso qualche ostacolo alla transazione. Le colpe di coloro che rifiutano di fare affari con noi non sono solo interpretate con la prospettiva della perdita, ma anche con quella di un affronto personale.

Se il ragazzo con i tappi si rifiuta di scambiare con il ragazzo che ha le biglie, questi non riusciranno a giocare insieme; e questa *desocializzazione* può facilmente innescare una discussione sui tratti negativi e i difetti dei rispettivi cani o genitori. Esattamente come tutte le nostre proteste relative al buon vicinato, l'Argentino ha i suoi dubbi circa le nostre intenzioni quando gli chiudiamo le nostre porte commerciali; costretto a guardare altrove per un'amicizia più sostanziale, diventerà meno incline alla comprensione della nostra cultura nazionale.

Il sottoprodotto dell'isolazionismo commerciale è la sensazione che lo "straniero" sia un "tipo diverso" di persona, e quindi inferiore, con il quale il contatto sociale non è solo poco auspicabile, ma addirittura pericoloso. Fino a che punto questa segregazione delle persone causata da restrizioni al commercio sia causa di guerra è una questione controversa, ma non ci può essere alcun dubbio che tali restrizioni risultino irritanti e possano fornire ulteriori ragioni per rendere la guerra più plausibile; non ha senso attaccare un buon cliente, uno che compra gran quantità di nostri prodotti e paga i conti regolarmente. Forse l'eliminazione delle restrizioni agli scambi commerciali in tutto il mondo sarebbe più utile alla causa della pace universale rispetto all'utilità di una qualsiasi unione politica dei popoli separati da barriere commerciali; anzi, può esistere un'unione politica sostenibile mentre esistono queste barriere? E, se la libertà di commercio fosse una pratica universale, sarebbe davvero necessaria un'unione politica?

Cerchiamo di verificare le affermazioni dei "protezionisti" con un esperimento di logica. Se uno ha abbondanza proprio di quei beni esteri che non gli è permesso avere, allora un embargo totale, piuttosto che una restrizione, lo farà stare meglio. Proseguendo su questa linea di ragionamento, non sarebbe meglio se ogni comunità fosse ermeticamente sigillata rispetto al suo vicino, come Philadelphia da New York? Meglio ancora, tutte le famiglie non avrebbero più cose sul proprio tavolo se fossero costrette a sostentarsi con la sola propria produzione? Nonostante quanto questa *reductio ad absurdum* sia sciocca, non è più sciocca della tesi "protezionista" secondo cui una nazione si arricchisce grazie alla quantità di merci estere che tiene fuori dal suo mercato, o della tesi della "bilancia commerciale" secondo cui una nazione prospera in seguito ai soli eccessi delle sue esportazioni rispetto alle importazioni.

Eppure, se ci si stacca mentalmente dai miti consolidati, vediamo che gli atti di isolazionismo così come descritti nel nostro sillogismo non sono infrequenti. Un esempio noto di questo è l'*octroi* Francese, una tassa riscossa sui prodotti che si trasferivano da un quartiere all'altro. Con il pretesto delle normative di "quarantena", la Florida e la California hanno reciprocamente escluso gli agrumi coltivati nei due Stati. I sindacati sono sostenitori violenti del benessere tramite la scarsità, come quando limitano, con la violenza diretta o con leggi che hanno contribuito ad emanare, l'importazione di beni realizzati al di fuori della loro giurisdizione. Una tassa sui camion che entrano in uno Stato da un altro è perfettamente in linea con tale ragionamento. Allo stesso modo la teoria protezionista della "recinzione" viene accettata e interiorizzata, dimostrando con questi fatti come la nostra *reductio ad absurdum* non sia così peregrina.

Al mercato, naturalmente, poco importa di tali misure che generano scarsità di risorse, esso non produrrà più di quanto riuscirà ad ottenere; se la sua offerta è resa scarsa dalle restrizioni commerciali, ciò che rimane diventa sempre più difficile da ottenere, e richiede una spesa maggiore di lavoro per acquisirle. Il livello salariale reale della Società si abbassa.

Il mito del "protezionismo" si fonda sul concetto che l'inizio e la fine di tutta la vita umana sia il lavoro, non il consumo — e non certo il tempo libero. Se fosse così, allora gli schiavi che costruirono le piramidi sarebbero stati in una condizione ideale; lavoravano molto e ricevevano poco.

Allo stesso modo, i Russi incatenati ai "piani quinquennali" avrebbero raggiunto quindi il paradiso in terra, e così anche i lavoratori che, durante la Depressione, venivano spostati da una strada all'altra.

Estendendo il concetto secondo cui lo sforzo per il bene dello sforzo è la strada per la prosperità, allora un popolo sarebbe più prospero se tutti gli individui lavorassero a progetti che non facciano alcun riferimento al loro senso individuale del valore. Ciò che viene eufemisticamente chiamata "produzione di guerra" ne è un esempio calzante; non esiste infatti nulla di simile, dato che lo scopo della produzione è il consumo; e non è provato che alcun lavoratore che abbia costruito una corazzata l'abbia fatto perché la volesse e perché volesse dimostrare il suo desiderio per essa rinunciando volentieri a qualsiasi altra cosa in cambio.

Tenendo presente l'esaltazione del lavoratore, un popolo non sarebbe più sollevato se tutti fossero impegnati a costruire navi da guerra in cambio delle cose necessarie che consentano loro di continuare a costruire navi da guerra?

Di certo non sarebbero disoccupati. Eppure, se pensassimo che la spinta naturale dell'individuo a migliorare le sue condizioni e ad allargare i propri orizzonti, si fondi sulla sola legge naturale della parsimonia (il massimo del guadagno con il minimo sforzo), saremmo costretti a concludere che lo sforzo che non contribuisce direttamente alla sovrabbondanza in un determinato mercato sia uno sforzo inutile. La Società prospera grazie agli scambi commerciali, semplicemente perché rende possibile la specializzazione, la specializzazione aumenta la produzione ed una maggiore produzione riduce il costo che gli uomini sostengono per soddisfare i propri desideri. Ciò premesso, il mercato è un'istituzione molto umana.

Capitolo 7: Finché c'è competizione...

Le tecniche del mercato si evolvono con l'incessante desiderio dell'uomo verso una vita più ricca e più piena. Una tecnica che svolge un ruolo importante in questo obiettivo generale è la concorrenza, o la gara tra gli specialisti per il favore della comunità. Anche se i concorrenti sono motivati da interessi personali, ognuno cerca la clientela tra i suoi simili, l'effetto della rivalità è quello di portare l'abbondanza nel mercato, a tutto vantaggio della Società. Per vincere il favore per le sue offerte, rispetto alle offerte di altri nella stessa linea, ogni concorrente cerca di migliorare la sua capacità di produzione, per quantità o qualità; ognuno cerca di migliorare la sua competenza. Ma, cos'è la competenza, e come viene determinata da coloro il cui commercio viene richiesto? Scendendo alla base delle definizioni, la competenza è la qualità delle prestazioni, e la parola viene generalmente utilizzata per designare una qualità alta. Il suo opposto è l'incompetenza, una qualità bassa, e nel mezzo ci devono essere un certo numero di gradazioni. Una performance è buona o cattiva, competente o incompetente, ma solo in confronto ad altre performance.

Se Smith è il solo ciabattino in città, e noi non sappiamo come lavorano i calzolai in altre città, come possiamo giudicare la sua abilità? Il meglio che possiamo fare date le circostanze è confrontare le sue prestazioni con ciò che potremmo fare noi stessi come calzolai amatoriali; prima del suo arrivo, quello era il miglior servizio che avevamo avuto. Ammettiamo che il nostro calzolaio monopolista sia una persona perbene e che fa del suo meglio per le nostre calzature.

Ma non ha alcun obbligo a fare meglio, e il suo meglio può essere determinato dalla sua coscienza o dallo stato della sua salute. Come al resto di noi, non gli piace la fastidiosità e la stanchezza che comporta la fatica e cerca di cavarsela con il minimo sforzo. Dal momento che non possiamo commerciare altrove, e Smith ne è consapevole, la sua inclinazione naturale è quella di lasciare le cose come stanno riguardo il suo lavoro, e per fissare i propri prezzi segue la regola de "il massimo che si possa ottenere". Il solo limite al suo impulso monopolistico è la possibilità di condurre i suoi clienti a contare sulle proprie forze per quanto riguarda la riparazione delle calzature e facendo terminare il loro commercio. Solo quando Brown apre un negozio rivale in città, Smith è costretto a considerare e provare la sua competenza. Per attirare commercio il nuovo arrivato o indebolisce il precedente monopolio o migliora la qualità del suo lavoro; il secondo reagisce offrendo di risuolare le scarpe con "riparazioni lampo"; Brown inventa, o acquista da un inventore, una macchina che gli permette di tagliare i costi del suo lavoro, assicurandosi più lavoro in un dato tempo, e chiedendo quindi meno di Smith, e così via. Ognuno migliora la sua performance in qualche modo, non per compassione per i suoi clienti, ma per il proprio benessere. Tuttavia, è la comunità che trae profitto dal miglioramento degli standard e mostra il suo apprezzamento frequentando lo specialista che, tutto sommato, serve meglio gli interessi della comunità. Applaudono la prestazione, non l'esecutore. La misura pratica della competenza è il sistema profitti/perdite del concorrente, perché in esso vengono registrati i voti favorevoli o sfavorevoli della Società in cui egli serve. Pertanto, il reddito del meccanico rispecchia le riparazioni che ha effettuato, i profitti del produttore provano la sua capacità di produrre ciò che si vuole, lo stipendio del genio manageriale scaturisce dalla linea di produzione.

Ognuno di essi è stato premiato dalla Società per la sua performance, rispetto alle prestazioni dei loro concorrenti, e il loro guadagno è una prova sufficiente che la Società ha guadagnato. Ne consegue che una Società di concorrenti benestanti è quella in cui il livello dei salari, ovvero il fondo generale di soddisfazioni, è alto.

L'arrivo di Brown può essere un vantaggio per la comunità, ma per Smith è una sconfitta. Finora, il suo artigianato e il prezzo che paga per il suo servizio erano fissati per la sua propria convenienza, ma ora è costretto a soddisfare gli standard stabiliti da un altro. L'impulso monopolistico in lui, che egli condivide con tutti gli esseri umani, viene disturbato. Pertanto, Smith è incline ad impedire che Brown offra il suo servizio competitivo alla sua attività commerciale e in condizioni primitive potrebbe ricorrere alle armi. Dal momento che una Società in crescita disapprova tali metodi rozzi, si rivolge ad un uso più sofisticato della forza, convincere i suoi vicini che la scarsità in qualche modo migliora la loro sorte; che dovrebbe essere incoraggiato il "lavoro locale"; che Brown è un essere umano inferiore e quindi un danno alla comunità; che i prezzi più bassi mettono in pericolo "l'economia generale". Forse la sua tesi è convincente perché ognuno dei suoi vicini sostiene la speranza di una propria posizione di monopolio, ottenere qualcosa in cambio di niente, in ogni caso, riesce a usare la forza collettiva per raggiungere il suo scopo privato. E così si generano le leggi sulla scarsità di produzione, come le tariffe protettive, le leggi di esclusione, i divieti di dispositivi salva-lavoro, le restrizioni sul commercio, o una tassa sulle imprese. O che a Brown venga impedito di offrire i suoi servizi alla comunità, o che i suoi beni siano tenuti fuori dal mercato, o che una tassa sia imposta sui suoi macchinari migliori — o forse un sindacato gli impedisce di utilizzarli.

È con la forza che Smith mantiene la sua posizione comoda di monopolio, è la forza che impedisce alla concorrenza di arricchire il mercato.

Si tratta di una circostanza strana che tali misure sulla scarsità della produzione non siano auto-imposte, semplicemente perché l'impulso monopolistico è controbilanciato dalla spinta più forte dell'essere umano per l'abbondanza, ed il conflitto sfocia in una violazione della legge da parte di coloro che vogliono tale legge. Ecco allora la pratica del contrabbando, dell'evasione fiscale, del contrabbando di alcolici, come pure il ricorso a sostituti per il prodotto reso scarso dal monopolio. Non sorprende che i vicini di Smith, che lo hanno aiutato ad evitare la concorrenza, si avvalgono dei metodi subdoli forniti dai servizi di Brown.

Quando viene consolidata una posizione di monopolio, quando la concorrenza viene eliminata o ristretta, la competenza acquista un nuovo significato. Non indica più uno standard di prestazioni stabilito dal mercato. Il monopolista, quello che controlla la fornitura di un bene o servizio desiderabile, regola la sua prestazione con una formula netta: il prezzo più alto che gli renderà il più alto profitto netto. Se aumenta la produzione oltre un punto predeterminato, deve ridurre il prezzo in modo da indurre un maggiore consumo, e non ci guadagna nulla. Se aumenta il prezzo, il consumo calerà e così anche il suo utile netto. La competenza in un monopolio consiste quindi nel trovare (con il metodo "a tentativi") l'esatto rapporto profitti/rendimenti tra prezzo e prestazioni. Il sistema profitti/perdite di un'attività in un monopolio riflette solo in parte il servizio che ha reso alla Società; include anche un prezzo di esazione reso possibile dalla scarsità che è in grado di causare.[5]

---

[5] Il concorrente, come il monopolista, cerca il prezzo più alto che gli

La chiave del monopolio è la scarsità. Alcune scarsità sono naturali, come i depositi di minerali e gli appezzamenti di terra; non c'è alcun modo di duplicarli. La proprietà o il controllo di queste limitate opportunità di produzione consente al monopolista di esigere un prezzo di affitto per il loro uso. Il prezzo di affitto è fissato in relazione alla loro scarsità — o alla resa di qualsiasi dato sito rispetto a quella di qualsiasi altro sito disponibile per l'uso. In fin dei conti, il prezzo di affitto è fissato dalla competizione tra gli utenti o i produttori per il possesso esclusivo di questi luoghi.

Altre scarsità sono dichiarate così per legge, ed il meccanismo con cui vengono create è sempre una limitazione coercitiva della concorrenza. Anche se le misure restrittive sono a volte inventate da individui o gruppi in cerca di un prezzo di monopolio, queste sono di scarso effetto, fino a quando non vengono attuate con il braccio forte della legge, come quando impone regole commerciali, quando cerca di fissare i prezzi, quando sovvenziona i produttori inefficienti a scapito di quelli efficienti, quando consente alle organizzazioni del lavoro di porre dei limiti all'impresa, oppure quando concede privilegi speciali a degli individui privilegiati. Questo ci porta ad una considerazione del ruolo svolto dall'organizzazione politica della Società nella sua economia, che dobbiamo lasciare ad un capitolo successivo. Per il momento, lasciamo la questione con questa osservazione: non ci può essere un efficace blocco del bisogno dell'uomo per l'abbondanza attraverso la competizione senza l'aiuto della legge.

---

renderà il più alto profitto netto. Ma, poiché non è in grado di controllare l'offerta, e quindi indurre scarsità, il suo prezzo più alto è quello che la concorrenza gli permetterà di chiedere, che è sempre inferiore a quello che gli sarebbe piaciuto chiedere. In un mercato competitivo, l'utile netto crolla all'interesse sugli investimenti, alla sostituzione del capitale, ed al salario della soprintendenza. Solo in un monopolio c'è un "piccolo extra".

Cioè, ogni strumento che favorisce la scarsità si basa sulla coercizione politica. Infatti, coloro che denigrano la concorrenza per motivi pseudo-umanitari si rivolgono alla legge per limitare la concorrenza, anche quando invocano la legge per impedire le estorsioni di monopolio rese possibili da tale limitazioni. La loro tesi è che coloro che sono in possesso di capacità inferiori partono con un handicap nella lotta competitiva e verranno feriti a meno che il più competente non venga incatenato (a volte sollecitano l'abbattimento dell'iniziativa proponendo che vengano tassati i profitti che mettano in evidenza l'iniziativa, a volte contemplano l'impossibile compito di sradicare del tutto la ricerca del profitto). Ma come può un membro della Società essere ferito dall'abbondanza nel mercato? Se Brown, a causa della sua migliore abilità, porta via a Smith il commercio delle calzature, il suo successo è la prova che egli ha reso un maggior servizio ai membri della comunità; stanno meglio grazie alla sua efficienza. Ha prodotto scarpe migliori, o una maggiore varietà di stili e di dimensioni, o attraverso metodi avanzati ha ridotto i suoi costi e ha diminuito i prezzi. Ma la sua efficienza non ha senso a meno che non vengano comprate le sue scarpe; comprare le sue scarpe vuol dire che esse hanno prodotto qualcosa che egli voleva. Vale a dire, un aumento della produzione di una cosa desiderabile prevede la produzione di altre cose desiderabili. Nel caso di Brown, il suo fiorente commercio di calzature richiede la produzione di maggiori calzature, scatole di scarpe, e servizi extra di altri, per non parlare dello stimolo di servizi come i trasporti, la contabilità, le vendite; inoltre, deve assumere più persone per le sue operazioni. In questa profusione di attività, Smith è sicuro di trovare un'occupazione remunerativa di qualche tipo, e sebbene il suo orgoglio può soffrire perché non era riuscito a tenere il passo con lo standard di Brown, il suo benessere è migliorato.

Il vecchio detto recita che "la concorrenza fa bene agli affari", e quando gli affari sono "buoni" tutta le Società prospera.

Ai sostenitori contrari alla concorrenza piace sottolineare il fatto che i grandi aggregati di capitali mettono il "piccino" in svantaggio; perché con i mezzi a sua disposizione il "tipo grande e grosso" è in grado di acquistare le materie prime in grandi quantità e quindi ad un prezzo più basso, di mettere in cantiere macchinari più avanzati, di investire in campagne di vendita costose. Abbastanza vero. Mettendo da parte il fatto che tutto questo significa solo una maggiore produzione a vantaggio della Società, i dati dimostrano che la grandezza di per sé impone restrizioni alla produzione; lo stabilimento pesante non ha la flessibilità necessaria per soddisfare i capricci del desiderio umano. Brown, il produttore di scarpe di grandi dimensioni, non può soddisfare il piede che non è conforme a qualche norma o i capricci di qualche acquirente esigente. Il suo stabilimento è orientato alla produzione di massa. È Smith, che o non ha scelto di diventare un produttore oppure non è adattato a questo ruolo, che deve servire questa clientela, che cresce sempre in proporzione all'aumento della ricchezza nella comunità; il numero di stabilimenti di piccole dimensioni o di "negozi di specialità" va di pari passo con il numero e le dimensioni delle grandi unità industriali. Infatti, lo stabilimento grande ammette i suoi limiti quando lascia al suo concorrente più piccolo i lavori che non può fare nel modo più efficiente.

Non c'è nulla di male nella concorrenza che la concorrenza non possa curare. I difetti della concorrenza sono gli ostacoli che vengono messi lungo il suo cammino con la forza — i vincoli, le tasse ed i regolamenti che ostacolano alcuni concorrenti e danno agli altri una posizione di monopolio o di quasi-monopolio.

La concorrenza serve al meglio la Società quando è libera. Nel campo delle soddisfazioni culturali nessuno avrebbe proposto che la concorrenza fosse incatenata, che il miglior cantante fosse costretto ad esibirsi in condizioni acustiche scarse rispetto a quelle offerte al secondo migliore, o che le differenze nella capacità artistiche fossero equiparate dalla legge. Vi è un consenso comune che in quelle occupazioni il verdetto imparziale del mercato è definitivo, anche se decide che il giocatore di baseball inferiore servirebbe meglio la Società, e se stesso, se guidasse un camion. Dal momento che l'aspettativa delle ricompense materiali (la ricerca del profitto) gioca un ruolo importante nello stimolare una concorrenza auspicabile tra questi specialisti culturali, ne dovrebbe seguire che è altrettanto auspicabile la concorrenza fra coloro che sono impegnati nella produzione di cose materiali. Anche l'artista cerca di soddisfare i suoi desideri con il minimo sforzo.

Per quanto riguarda l'umanitarismo, la libera concorrenza è gradita per il fatto che coloro che sono necessariamente al di fuori del settore della produzione, o in parte al di fuori, si trovano in ogni caso in un'economia di abbondanza piuttosto che in un'economia di scarsità. I portatori di handicap, i bambini e gli anziani devono in ogni caso essere curati, e il loro destino è migliore in una famiglia in cui la dispensa è piena. Per ripetere, questo non pretende di essere un libro sull'economia. È piuttosto un tentativo di dimostrare che l'economia gioca una grande, se non un'importante, parte nella formazione e nello sviluppo delle integrazioni sociali e delle istituzioni, e verso tal fine era necessario definire, in generale, i principi economici che influiscono su questa tesi.

Qualsiasi richiesta di informazioni sulla natura o sulla ragione della Società (e sulle sue istituzioni politiche conseguenti) deve iniziare con un esame del suo intero, l'individuo.

Qualsiasi altra soluzione sarebbe campata in aria. Ma l'individuo dimostra di essere un fenomeno piuttosto complicato, con caratteristiche variabili e sfuggenti, gettando una luce variegata sulle sue abitudini sociali. Dobbiamo metterle da parte e cercare, nel corso della storia e dove lo troviamo, uno schema costante tramite le manifestazioni del suo comportamento. Questa, e non vi può essere alcun dubbio al riguardo, è la sua preoccupazione per tutta la vita: guadagnarsi da vivere. La sua volontà di vivere lo costringe ad essere "l'uomo economico". Anche gli aspetti immateriali del suo carattere — metafisica, cultura e spiritualità — sono in un modo o nell'altro legati al modo in cui va in giro per guadagnarsi da vivere. La costanza della sua preoccupazione per l'economia indica che deve essere il fondamento su cui costruisce il suo ambiente sociale, tutto il resto è sovrastruttura.

La Società, dunque, è fondamentalmente un fenomeno economico. Si tratta di un aggregato di individui che, mediante le tecniche emergenti della cooperazione, migliorano le proprie circostanze. Si tratta di un mezzo per alzare il livello generale dei salari; se non avesse tale risultato tenderebbe a disintegrarsi. Le integrazioni sociali che noi chiamiamo primitive sono quelle in cui le tecniche economiche non sono state sviluppate, per una ragione o per un'altra, mentre la Società avanzata è una che le sfrutta nel modo più completo. Una Società perfetta, o tanto perfetta quanto la conoscenza umana può realizzarla, sarebbe quella in cui queste tecniche, chiamate collettivamente mercato, funzionerebbero senza attrito; questo il mondo non l'ha ancora visto, per ragioni che saranno esplorate nei capitoli successivi.

Capitolo 8: Governo e proprietà

Come tutti sanno, un'analogia non rappresenta né un'evidenza né una prova. Eppure sin dai tempi di Aristotele è stata pratica comune tra i politologi utilizzare un'analogia per sostenere una teoria sull'origine del Governo; cioè, che il Governo si sia originato dall'organizzazione della famiglia. Ovviamente, non vi è alcuna evidenza storica di causa/effetto tra le due istituzioni; tutto quello che abbiamo è un'ipotesi non provata che si basa su una presunta somiglianza tra l'autorità genitoriale e l'autorità del Governo. Tuttavia, tale ipotesi si contraddice quando viene preso in considerazione il fattore biologico nell'autorità genitoriale. Il figlio cerca la guida del genitore semplicemente perché l'adolescenza è un'età pingue di inadeguatezze ed insicurezze, e cerca o accetta l'autorità come una questione di necessità. Il Governo non ha una simile pretesa sui suoi cittadini, né la lealtà di quest'ultimi è in nessun modo analoga alla devozione filiale. Anche la relazione padre/figlio viene perturbata quando il secondo raggiunge la maturità e raggiunge l'auto-sufficienza, una relazione in cui l'autorità diminuisce e scompare; la lealtà dei cittadini nei confronti del Governo non è connessa alla loro età o alla loro capacità di prendersi cura di sé stessi. Chiarito che questa analogia è inadeguata, bisogna guardare altrove per trovare una qualche spiegazione all'esistenza del Governo. Troviamo qualche indizio se guardiamo alla nascita del Governo dagli embrioni della Società, quella emersa sulla nostra frontiera occidentale. All'inizio, quando i nostri pionieri si insediarono per cercare di sopravvivere in zone non ospitali, la minuscola Società risultante andò avanti senza alcuna autorità organizzata.

C'era l'autorità individuale, rappresentata dalla pistola che il pioniere aveva nella fondina. Questo strumento rappresentava un capitale, uno strumento per assicurarsi che il cibo arrivasse sulla tavola o le pellicce andassero nel guardaroba. Il suo utilizzo, però, non si limitava a questo scopo produttivo; quando se ne presentava l'occasione, il pioniere la usava per proteggere la proprietà e la vita, e quando usata per questo scopo opponeva la sua volontà a quella del ladro. Era la sua autorità contro quella di un altro.

Il governo è l'autorità, e l'autorità, in questo senso, è l'imposizione della propria volontà contro quella di un altro, in modo da indurre un comportamento ritenuto opportuno o per prevenire un comportamento ritenuto indesiderabile. Indipendentemente dalla forma di Governo, sia se l'autorità è esercitata da un capo o da un monarca o da un funzionario eletto, sia se l'obiettivo è quello di soddisfare un proprio capriccio o far rispettare una legge, sia se esista o meno la sanzione del pubblico, l'azione stessa rappresenta una volontà opposta ad un'altra. E anche se l'autorità è accettata e prontamente rispettata, è l'uso o la minaccia della forza che conferisce autorità alla sua sostanza. Pertanto, quando il pioniere faceva uso della sua arma per contrastare i fini di un ladro, stava effettivamente agendo in qualità di Governo; esercitava tutta la forza a sua disposizione per costringere la conformità con la sua volontà.

Proteggeva la vita e la proprietà. Il valore che l'individuo mette in campo è istintivo e primordiale, e la sua preoccupazione per la propria sicurezza non necessita di ulteriori spiegazioni. Ma come si spiega il suo interesse per la proprietà, qualcosa al di fuori di sé stesso? Perché mette a rischio la propria vita o subisce le avversità del fato in modo da conservare e godere della proprietà?

Ciò richiede una spiegazione del concetto di proprietà e la comprensione della relazione che ha con essa l'individuo, cosa di cui ci occuperemo più in là. Adesso ci basta solo evidenziare che il Governo non entra in gioco fin a quando la proprietà non diventa un fattore nelle integrazioni sociali, e che non viene richiesta la sua autorità fino a quando la proprietà non diventa cruciale per il perseguimento della felicità; è così che sono collegati i concetti di proprietà e Governo. Ci sarebbe ancora bisogno del Governo se l'individuo potesse fare a meno della proprietà?

La preoccupazione primaria del pioniere è la produzione; il bisogno di dividersi tra la produzione e la protezione è una sorta di seccatura; non vi è alcun profitto. Il tempo e lo sforzo profuso nella vigilanza potrebbero essere meglio usati in un granaio o in cucina, e così inizia a pensare che forse sarebbe più redditizio se lasciasse la pistola, il suo strumento di autorità, nelle mani di uno specialista. I suoi vicini la pensano allo stesso modo. Tristi esperienze hanno insegnato loro che l'abbondanza è come un magnete per quelle persone che vogliono soddisfare i propri desideri senza faticare, e la preoccupazione di ogni singolo individuo per la sua proprietà diventa una preoccupazione comune. Qui entrano in gioco le forze di polizia temporanee ed i vigilanti, strumenti della sicurezza collettiva. La caratteristica fondamentale di questi strumenti è l'uso della forza per impedire comportamenti nocivi alla loro sopravvivenza. Questo è il Governo. È un servizio sociale stabilito dai membri della comunità per fare quello che ognuno farebbe singolarmente se potesse, e quello che sono costretti a fare da soli prima che la comunità raggiunga un numero sufficiente di produttori in modo da poter ingaggiare uno specialista.

Il Governo volontario funziona per un po'.

79

Ma il richiamo al dovere diventa più stridente al crescere della comunità in dimensioni e in ricchezza, ed a tempo debito il volontarismo viene sostituito da uno sceriffo professionista, il cui mantenimento è meno costoso rispetto ad un arresto della produzione. Per contratto viene sollevato dal contribuire al mercato, situazione da cui trae il suo sostentamento in cambio del quale si impegna a dedicare il suo tempo ed il suo talento al mantenimento di condizioni ordinate necessarie per il buon funzionamento del mercato. Egli rende un servizio speciale alla comunità, diverso da tutti gli altri perché il suo unico scopo è l'esercizio dell'autorità; come sceriffo non è attrezzato per una qualsiasi attività produttiva. Il Governo è un protettore, non un produttore.[6] Per scopi illustrativi, abbiamo dedotto che il ladro di cavalli o il ladro di bestiame sia un estraneo, non un membro della comunità. Ma che cosa è un ladro — dal punto di vista psicologico, e non legale? È un uomo che si rivolge alla depredazione piuttosto che alla produzione per soddisfare i suoi desideri, convinto che il suo modo di agire richieda un minimo sforzo. Poiché è disinibito da un punto di vista morale o non teme una punizione, viene descritto come uno psicopatico. Che lo sia o meno, il fatto è che condivide (insieme a tutti gli altri uomini) l'inclinazione ad ottenere "qualcosa in cambio di niente", la sua è solamente un'esagerazione dell'impulso comune. La concupiscenza della proprietà di qualcun altro non si limita al furto ma è una caratteristica dell'essere umano, e quindi in ogni comunità i litigi insorgono per questioni riguardanti la proprietà, soprattutto se la struttura commerciale è altamente complessa.

---

[6] A volte si sostiene che il Governo sia un produttore perché la sua funzione protettiva induce un clima sereno per la produzione. Questo equivale a dire che l'arbitro nel calcio rasserena i giocatori a tal punto da farli giocare sereni, cosa che è manifestamente sciocca. Il potere politico, semmai possa definirsi una competenza, potrebbe regolare il comportamento umano; non è un fattore di produzione.

Nell'interesse di quella tranquillità senza la quale la produzione diventa difficile, scoraggiando gli accumuli, la comunità stabilisce una terza parte imparziale per giudicare queste e tutte le altre controversie. Il tribunale è del Governo. Pertanto, l'istituzione che è nata dalla necessità di una protezione della proprietà, assume il relativo dovere di giudice.

Dopo la nascita di una Società appare quasi rapidamente la figura del poliziotto-giudice, e con essa emerge un insieme di regole comportamentali come cartina tornasole per i suoi membri, il tutto affinché venga agevolata la ricerca della felicità; l'occupazione di questa figura istituzionale è quella di far rispettare queste regole. Questa singolarità del Governo è approvata da tutti i servizi specializzati che compongono la Società. Ricapitolando, la Società si compone di un certo numero di produttori, ciascuno dei quali contribuisce al fondo generale della ricchezza ed è dipendente dal voto libero del mercato sui beni e servizi che vende: non hanno potere di costrizione. Anche il Governo rappresenta un servizio specializzato, diverso da tutti gli altri in quanto non contribuisce al mercato con qualcosa di tangibile ed è dotato di monopolio di coercizione. Questa è la caratteristica peculiare del Governo, ovunque ci troviamo; per comune consenso gode del monopolio di coercizione in modo che possa impedire l'esercizio indiscriminato della coercizione da parte dei membri della comunità. Non può essere sottoposto a condizioni competitive come un'impresa produttiva, perché una coercizione competitiva rappresenterebbe una violenza competitiva, la condizione che il Governo è chiamato a rimuovere. Il Governo deve essere monopolista.

Quando la Società è primitiva — cioè, la specializzazione non è sviluppata e quindi la produzione è limitata — il potere coercitivo del Governo è limitato all'opinione pubblica.

Un esempio è quello delle tribù degli Indiani d'America, in cui il capo era infatti il poliziotto-giudice investito dell'autorità di interpretare il codice tradizionale, ma sottoposto a sanzioni sociali per l'esecuzione dei suoi *dicta*. Non esisteva altro modo di applicare le regole. Un esempio più notevole è quello della costituzione israelita prima dell'avvento dei re. Le tribù erano tenute insieme da un patto volontario, e il comportamento era regolato da un codice chiamato *mishpat*, o giustizia; era un insieme di regole che vennero fuori da un crogiolo di esperienze. Le controversie tra le tribù erano sottoposte ai giudici, uomini che raggiungevano quella carica per la loro fama di saggezza e integrità. Mentre sembra che non avessero alcuna autorità politica, alcun potere di coercizione, costituivano a tutti gli effetti un Governo perché il loro giudizio era eseguito automaticamente dalle stesse tribù. Anche dopo l'istituzione della regalità, contro il parere di Samuele, al loro giudice supremo non era concesso il diritto di legislazione, poiché Dio era l'unico legislatore riconosciuto.

"Così", osserva Lord Acton, "l'esempio della nazione ebraica ha fissato le linee parallele lungo le quali è stata vinta ogni libertà — la dottrina della tradizione nazionale e la dottrina di una legge superiore; il principio che una costituzione cresce dal basso, da un processo di sviluppo e non da un cambiamento essenziale; ed il principio che tutte le autorità politiche devono essere testate e riformate secondo un codice non fatto dall'uomo".

Il Governo non ha molto a che fare in un'economia semplice; perché non c'è abbastanza produzione da suscitare cupidigia. Le beghe intestine sono relativamente esigue e poco importanti, e la povertà della tribù è la ragionevole certezza che nessuno la attaccherà. I problemi iniziano quando appaiono accumuli.

È allora che il Governo viene chiamato ad assumere un ruolo importante nella Società, un ruolo che non sarebbe difficile ricoprire se la ragione dovesse fornire una chiara definizione morale di proprietà. Per quanto riguarda quest'ultimo punto dobbiamo guardare al comportamento dell'individuo: perché pone un tale peso sulla proprietà, e su cosa basa la sua affermazione? Più specificamente, per quali motivi si aspetta che il Governo garantisca la sua proprietà?

E l'individuo risponde con un assioma: ha il diritto di vivere. Che ce l'abbia o meno non è né dimostrabile né contestabile: ogni ragionamento sul tema conduce al vicolo cieco di tutte le causalità, "la natura delle cose". Con questa ipotesi, l'individuo ha il diritto alla vita semplicemente perché la brama. Chi può contestare tale punto senza gettare dubbi sul proprio diritto all'esistenza?

Il diritto alla vita, o il diritto a se stessi, deve significare la proprietà esclusiva su tutte le facoltà che sono identificabili con quella cosa chiamata "io": il corpo, la mente, gli appetiti, le aspirazioni, tutti i fattori della personalità. Questo particolare agglomerato di carne e anima è "mio" perché è entrato in esistenza quando "io" sono nato, un atto di Dio, e cesserà di esistere quando "io" morirò; non c'è modo di trasferire questa personalità a chiunque non sia "me". Questo è il punto fondamentale: né la scienza né la politica sono in grado di elaborare un modo per trasformare "io" in "lui" o "noi". Si è sé stessi per tutta la vita.

Il diritto alla vita non è solamente metafisico; la sua realtà rappresenta il godimento di quelle cose che, secondo i dettami della natura, rendono possibile la vita. Senza di loro, "io" scompaio. La materia prima di queste cose è correlata a "me", messa lì dalla stessa intelligenza che ha messo "me" sulla terra.

Ma si dà il caso che questa profusione di materiali vivificanti risulti inadeguata fino a quando non viene trasformata in una forma adatta al consumo. "Io" devo lavorare su queste cose in modo da renderle utili alla vita; e anche se "io" mi ritrovo a fare un lavoro faticoso e indesiderabile, la volontà di vivere è così forte che questa avversione viene superata. Così una parte di "me" è impegnata in un certo qualcosa di cui "io" voglio godere; ma non sarebbe esistita e nessuno ne avrebbe goduto se qualcuno non avesse svolto un determinato lavoro. È in virtù di questo "mio" impegno che la cosa desiderabile diventa "mia". È "mia" perché l'ho fatta "io".

La proprietà della cose, o il diritto di proprietà, gode di una validità morale solo quando si basa sul lavoro.[7] Qualsiasi altra teoria sui diritti di proprietà deve iniziare respingendo la proprietà di sé stessi e deve affermare che sia valido l'uso della forza per separare il produttore dal suo prodotto. Mettendo da parte le considerazioni morali, la proprietà che si basa sull'uso della forza è transitoria, vaga e incerta, perché deve cambiare ad ogni cambiamento nell'incidenza della forza. Lo schiavista gode della proprietà degli schiavi finché vi può esercitare coercizione; quando gli schiavi si ribellano al loro padrone, il titolo di proprietà ritorna a loro. Il ladro diventa un uomo onesto e l'uomo onesto diventa un ladro in base a chi è più forte. Ogni volta che invochiamo una regola sulla proprietà che non riconosce il rapporto tra produttore e prodotto, finiamo in contraddizione; ci ritroviamo in terreni transitori e all'esterno del campo del principio.

---

[7] Il titolo di proprietà deve includere il diritto al suo valore, se presente. Non può essere messo in discussione il diritto del fornaio di mangiare la torta che ha fatto. Né gli si può negare il diritto di accettare in cambio della torta l'equivalente di due torte, se qualcuno dovesse avanzare un'offerta simile. La teoria della proprietà del lavoro non ha nulla a che fare con la teoria del valore-lavoro.

Quando viene usata la forza per acquisire una certa proprietà — cioè, quando il nostro senso della realtà non è stato offuscato dalla propensione a tale uso — siamo lesti ad inquadrare tale azione come un atto di iniquità; lo definiamo sfruttamento, confisca, appropriazione, furto. Si tratta di un *malum in sé*, un atto intrinsecamente malvagio. In questo modo affermiamo la convinzione che privare il produttore dei frutti dei suoi sforzi, rappresenta una violazione del suo diritto alla vita. Si tratta di un atto immorale. Ed è un atto immorale anche se è sanzionato dalla legge o compiuto da un gruppo di persone, perché non c'è moltiplicatore grande abbastanza da rendere giusto qualcosa che è sbagliato.

Quando consideriamo le conseguenze della sostituzione di un diritto morale sulla proprietà con uno forzoso (o dettato dalla legge), potremmo opporci dicendo che il principio non può essere violato impunemente. Ma indipendentemente dalle conseguenze, qualsiasi metodo, legale o illegale, con il quale viene trasferito un titolo di proprietà dal produttore al non produttore, equivale essenzialmente al derubare una casa. Attraverso un editto emesso dal monarca, i pirati divennero corsari, ma in entrambi i casi significava rubare; e quando mi trovo costretto, contro la mia volontà, a sostenere una scuola o una burocrazia, sotto qualsiasi pretesto, mi sento privato della mia proprietà.

Il giudizio sulla solidità o la desiderabilità di un atto o di una procedura, deve tener conto delle sue conseguenze; ed una teoria deve essere dimostrata dalla pratica. Quando poniamo questa teoria — il diritto di proprietà si fonda sul lavoro — al vaglio dell'esperienza, scopriamo che è sostenuta da quella che potremmo definire la legge naturale; cioè, un rapporto di causa-effetto invariabile che opera automaticamente attraverso la volontà umana, permettendoci inoltre di fare previsioni.

85

La teoria può essere così enunciata: il possesso ed il godimento, anche le disposizioni, della produzione passata del lavoratore determinano l'importo della sua produzione futura; oppure, il livello del consumo (salari) determina il livello di produzione.

Spesso si ammette che ciò che è già stato prodotto può essere alienato dal produttore, e la natura non interpone alcuna restrizione automatica. Vale a dire, finché è possibile cambiare (mediante metodi legali e non) fisicamente il possesso, non vi è alcuna relazione fondamentale tra produzione e consumo; uno può consumare ciò che un altro ha prodotto. Ma questo fatto si applica alla sola produzione del passato e non tiene conto del processo di produzione. Si dovrebbe ricordare che l'oggetto della produzione è la soddisfazione dei desideri, e questi non cessano finché non si muore. L'uomo usa il lavoro in modo da consumare la produzione, e se è frustrato al suo intento, quale sarà l'effetto sui suoi sforzi futuri? Questa domanda, purtroppo, non ha risposte. L'unico punto in discussione è se la conseguente decurtazione dello sforzo rappresenti un atto dettato da una volontà o se è automatico come, ad esempio, il moto delle maree. Se rappresenta un atto dettato da una volontà, allora l'uso della forza farà in modo che la produzione vada avanti nonostante il furto; ma se è "nella natura delle cose" che la produzione debba scendere in base alla malversazione praticata, allora non basteranno tutti gli uomini del re a far andare avanti la macchina produttiva.

In un'economia primitiva non c'è alcuna difficoltà nel tracciare il rapporto tra produzione e consumo. Perché il lavoratore si approvvigiona direttamente dalla natura e l'identità del suo sforzo con la sua proprietà è evidente. Egli mangia l'animale che cattura, il grano cresce; indossa le pelli che scuoia; si tiene al caldo in una casa che ha costruito con gli alberi della foresta.

Ogni sforzo, sia per ottenere le sue prima necessità sia per accumulare capitale per il futuro, ridonda a suo beneficio. Crea il suo salario. Se la natura risponde abbondantemente al suo impegno — dal momento che non è mai privo di desideri — egli continuerà ad investire di più in sé stesso.

Tuttavia se la proprietà del pioniere viene devastata da parassiti o distrutta da siccità, inondazioni e terremoti, migrerà altrove, e in tal caso chiuderà la sua attività, la produzione cesserà; o si sforzerà di superare i pericoli, e in tal caso la produzione diminuirà a causa degli sforzi richiesti per difendersi. Se i ladri minacciano i suoi possedimenti dovrà mettere in conto un'ulteriore spesa non redditizia, perché dovrà dedicare più energie alla difesa e meno alla produzione. Analogamente, quella parte del suo salario a cui deve rinunciare affinché possa sopravvivere, dandola ad esempio ad esattori delle tasse o a chiunque altro abbia una pretesa esecutiva sulla sua produzione, non è proprio la sua; dal momento che non ce l'ha, non può investirla in soddisfazioni. La sua volontà non ha nulla a che fare con la questione in analisi. Le condizioni che determinano una diminuzione della proprietà, determineranno una riduzione paragonabile della produzione; lo sforzo speso per rattoppare la barca non velocizzerà il raggiungimento del suo obiettivo finale.

Il funzionamento del diritto di proprietà è più evidente quando guardiamo al salario indiretto o monetario. Qui un ritardo tra produzione e consumo dissolve ogni apparenza. Cerchiamo di capirlo attraverso un esempio specifico. Un artigiano acquisisce il possesso di un cappotto in virtù del lavoro che ci ha messo per crearlo; anche la legge comunale riconosce la moralità del suo titolo. Ma il suo interesse economico non è nel cappotto di per sé.

Non l'ha creato con lo scopo di indossarlo, ma con l'idea di trasferirne la proprietà a qualcun altro in cambio di soddisfazioni che brama. Lo vende quindi all'imprenditore, un altro lavoratore, in base ad un contratto di lavoro. L'imprenditore non ha altresì alcun bisogno del cappotto, e tale acquisizione rappresenta solo un mezzo per un scopo. Alla fine, il cappotto raggiunge la sua destinazione finale, il consumatore che lo desidera. Se quest'ultimo possiede beni o monete di valore equivalente al cappotto, ha luogo uno scambio e il possesso viene trasferito a lui. Non appena il nuovo proprietario indossa il cappotto esso comincia a deteriorarsi, perché questo è il destino di tutti i prodotti del lavoro. Ma il desiderio per il cappotto, il desiderio per il calore o l'ornamento, non si deteriora; è coesistente con la vita. Così, il consumo o l'uso del cappotto è di per sé un segnale alle industrie d'abbigliamento, a tutti gli specialisti nel settore dei cappotti, affinché si diano da fare per creare un sostituto, perché un consumatore che desidera un nuovo cappotto avrà la proprietà per intavolare uno scambio. È la proprietà, la proprietà dei frutti del proprio lavoro, che mantiene in vita la macchina produttiva. Ciò premesso, possiamo predire che la produzione dovrà sempre tenere il passo con l'ammontare di reddito disponibile nelle mani dei produttori, o che la ricchezza della Società sarà proporzionale con la proprietà dei suoi membri. Consideriamo una condizione negativa: colui che vuole entrare in possesso del cappotto è senza proprietà. La ragione non è importante; o ha scelto di non produrre, o condizioni su cui non aveva alcun controllo gli hanno impedito di produrre, o un truffatore lo ha privato della sua produzione. Non ha alcuna proprietà con cui poter acquisire il cappotto. In tal caso, le fabbriche che producono cappotti devono chiudere; se continuassero a fare cappotti finirebbero in una condizione che gli economisti chiamano "sovrapproduzione", ma che in realtà è sottoconsumo.

L'arresto della produzione non è causato da una mancanza di desiderio, ma da una mancanza di proprietà, e la volontà umana, a meno che non abbia contribuito a privare il produttore della sua proprietà, non è responsabile del suddetto arresto. È automatico: niente proprietà, niente produzione.[8]

Questa legge della proprietà è operativa anche se la proprietà scambiabile viene offerta da persone che ne hanno acquisito il possesso mediante il furto, l'imbroglio, o il regalo. Finché hanno la proprietà immeritata a loro disposizione, la produzione andrà avanti. Tuttavia tali persone non portano sul mercato un sostituto per i beni che prendono, si limitano a scambiare quello che il produttore avrebbe scambiato, quindi il processo produttivo viene rallentato dalla quantità del loro consumo. Solo la produzione genera produzione; il semplice consumo, o la spesa, non stimola la produzione. Le persone non producono per denaro, ma per le cose che il denaro permetterà loro di acquistare. Se la spesa da sola potesse mantenere attivo il mercato, allora una Società composta da ladri dissoluti sarebbe più ricca di una costituita esclusivamente da produttori. L'idea dell'opulenza attraverso la dissolutezza presuppone che il consumo sia il carburante che alimenta il vapore della caldaia e che debba essere regolato con metodi coercitivi; ma il consumo si prenderà cura di se stesso, se il processo produttivo non verrà interrotto da una qualsiasi violazione del diritto morale sulla proprietà. Alla luce di questo principio, secondo cui il livello del salario (consumo) è fissato dal livello della produzione e viceversa, diventa cristallino che il lavoratore libero (a cui è permesso di godere della sua produzione) è più produttivo dello schiavo.

---

[8] Gli schiavi, a cui è negato il diritto di possedere quello che producono, genereranno qualcosa in più rispetto ai loro salari, o per evitare il dolore fisico o nella prospettiva di un aumento del salario. Se viene rimossa la minaccia della punizione o un miglioramento delle loro condizioni, lo schiavo non produrrà più di quanto è necessario alla sussistenza.

Un popolo "svantaggiato" è uno che viene regolarmente privato della sua proprietà, o uno in cui la definizione di proprietà racchiude qualsiasi cosa che secondo la legge può essere comprata e venduta senza alcun riguardo a come è stata ottenuta. Al contrario, una Società è ricca, sana e vigorosa quando si astiene dall'ostacolare la ricerca individuale di una vita più piena attraverso il godimento dei frutti del proprio lavoro.

Probabilmente non è una comprensione *consapevole* della relazione tra proprietà e produzione che dà luogo alla necessità di un Governo, ma piuttosto una *emotiva*; il diritto insindacabile alla vita conferisce anche un diritto indiscutibile al godimento della propria produzione, e sono ritenuti necessari alcuni apparati per la salvaguardia di tale diritto. Questa è l'attività del Governo.

Capitolo 9: Un caso di corruzione

Dionigi, lo storico tiranno di Siracusa, era un finanziere consumato. Il suo dono gli tornò utile il giorno in cui si ritrovò in condizioni di bancarotta, dopo aver preso in prestito dalla cittadinanza più di quanto potesse ripagare.

Avrebbe potuto aumentare le tasse e soddisfare i creditori con tale denaro, ma non lo fece perché i suoi prelievi fiscali avevano raggiunto il punto dei rendimenti decrescenti; un ulteriore aumento avrebbe potuto scoraggiare la produzione o causare una fuga di capitali, e quindi prosciugare la fonte delle sue entrate.

Eppure i debiti dovevano essere ripagati, in quanto un ripudio avrebbe rovinato la sua reputazione e il credito nazionale; nessuno gli avrebbe più prestato un centesimo in seguito.

In questa situazione, Dionigi elaborò uno schema che sarebbe venuto in soccorso alla sua dissolutezza. Ritirò tutte le monete del suo regno: le banconote, come le dracme, le riconiò in modo che da ogni dracma ne uscissero due, e, dopo aver pagato i suoi debiti con i soldi rivalutati, restituì ai proprietari molte più dracme di quelle che erano stati obbligati a consegnare. Senza dubbio i siracusani furono felici dall'operazione; i loro anticipi al tiranno erano stati ripagati in pieno ed i loro asset non monetari erano improvvisamente raddoppiati di prezzo. Si meritava elogi per questa impresa finanziaria. In ventidue secoli gli uomini hanno elaborato molti ragionamenti, e da ciò sono nati nuovi modi per fare le cose vecchie.

Come Dionigi, i politici di oggi a volte si trovano senza i mezzi necessari per coprire i costi delle gloriose avventure dello Stato e, dopo aver esteso la tassazione fino al punto di rottura, ricorrono ai prestiti. Convincono i cittadini che i loro risparmi non solo saranno spesi in modi che genereranno vantaggi reciproci, ma che la loro fiducia sarà premiata con un incremento annuale; la ricevuta stampata e rilasciata al prestatore impegna solennemente l'onore dello Stato. Ora, in un modo o nell'altro, queste ricevute verranno monetizzate, e la Società sarà sommersa da nuova moneta del regno, come i siracusani quando le loro dracme vennero riconiate. Ognuno si "arricchisce".

Questa magia finanziaria moderna è un miglioramento del metodo di Dionigi, in quanto dà l'impressione di una transazione commerciale onesta, e non di una truffa. Dionigi non aveva pensato a questo business delle ricevute, poiché non si sarebbe mai trovato nella suddetta situazione. Non avrebbe mai dovuto affrontare il fallimento. Infatti, tra gli altri vantaggi, questa ricevuta moderna reca una data di scadenza, che di solito ricade nella generazione successiva, con sollievo dei debitori immediati; inoltre, attraverso il rifinanziamento ed i metodi di finanziamento, tale data acquisisce la capacità unica di estendersi verso l'eternità, in modo tale che il prestito non debba mai essere rimborsato. D'altra parte, il creditore o la sua prole può sempre essere sicuro di ricevere un interesse, poiché, come contribuente, il titolare ne fornisce i fondi.

Non abbiamo dubbi sul fatto che i ministri di Dionigi lo giustificarono con una dotta dissertazione sulle virtù del suo schema di conio. La sua controparte moderna non solo ha ministri a consigliarla, ma anche professori di economia che spiegano al popolo come l'abbondanza nelle loro dispense venga migliorata dall'inflazione.

Tassare l'agricoltura divenne fuori modo ancor prima del crollo dell'Impero Romano. Oppure no? Quando scaviamo nell'istituzione moderna dei dazi, incappiamo in sottoprodotti che rassomigliano ad istituzioni antiche. Tanto per cominciare, gli odiati pubblicani dell'antica Roma svolgevano una funzione non dissimile da quella dei moderni ispettori ed esattori delle tasse, che sono, come i loro avi, elementi ben tenuti e improduttivi all'interno della popolazione. Poi c'è la connessione con i dazi, conosciuti come la piramidazione dei profitti. L'importatore che deve pagare il dazio deve includere questo balzello ai suoi costi quando deve calcolare il prezzo di vendita. Ogni protagonista nella catena di produzione deve fare lo stesso, e se il materiale importato nel Paese è in forma grezza, il che richiede maggiore processazione affinché possa raggiungere il suo ultimo stadio di produzione, le varie percentuali di esborso che si sommano potrebbero superare il dazio stesso. Il consumatore salda il tutto. I guadagni di questi vari produttori e processatori non sono dissimili da quelli degli antichi satrapi; rappresentano profitti privati resi possibili per legge. Non abbiamo alcuna autorità su tutto ciò, ma sapendo che nessun business può essere perseguito senza una giustificazione morale, possiamo affermare che gli esattori delle tasse erano convinti della correttezza delle loro azioni; non è forse vero che portavano ai contribuenti i benefici della legge e dell'ordine? Allo stesso modo, coloro che vi traggono vantaggio sposano la causa del protezionismo sulla presunzione che quest'ultimo promuova le industrie nazionali, dia lavoro alle persone, le protegga dalla competizione a basso costo, e così via. Un rapinatore non può guardarsi in faccia. Poiché la questione della successione non era regolarizzata costituzionalmente, la guardia pretoriana si impegnò con la città di Roma per un rifornimento costante di imperatori (a volte le legioni nominavano esse stesse un aspirante, e la selezione era superata con una prova fisica).

Ammettendo che i soldati considerassero il corso dell'impero una questione di scelte, non rimanevano sordi alla promessa dell'aspirante di migliorare il loro benessere economico. Potremmo definirlo voto di scambio, ma in che cosa si differenzia dalle promesse ai veterani che oggi impreziosiscono la campagna oratoria? Oppure fate caso agli emolumenti e ai vantaggi speciali che il politico moderno offre ai coscritti in modo che accettino la condizione di servitù involontaria. Che la guardia pretoriana giochi ancora un ruolo importante nella scelta dei nostri leader politici è evidenziato dal fatto che per oltre una generazione dopo la Guerra Civile quasi ogni candidato alla presidenza era un generale, e che in ogni campagna militare i bonus ai soldati erano una questione sempre aperta; sin dalla prima guerra mondiale, nessun candidato in corsa per qualsiasi carica poteva pensare di sostenere l'eventuale decurtazione dei vantaggi speciali che i veterani ritengono di meritare.

Il punto dell'analogia non è che gli uomini d'arme antichi e moderni sono uguali nella loro ricerca di qualcosa in cambio di niente — in questo senso non sono diversi dal resto della cittadinanza — ma che in ogni era il potere politico si è adoperato a perseguire scopi antieconomici e antisociali, che non ha mai esitato ad acquistare il supporto con i beni confiscati. Per gli antichi si può dire che loro condussero tale pratica in maniera schietta, senza fronzoli e senza moralismi; i Cesari non invocavano un'ideologia per coprire il vero obiettivo del "panem et circenses". Oggi l'avanzamento politico e l'aumento del potere politico si concretizzano nello stesso modo — con sussidi di ogni genere pagati dai contribuenti — ma vengono perseguiti adoperando una finta patina di rettitudine. I nostri politici non comprano voti, invocano programmi "sociali". Si arriva alla stessa conclusione.

La storia è piena di materiale iconografico a tal riguardo, ed è davvero forte la tentazione di addurre esempi che dimostrino che le pratiche della confisca adottate dal potere politico hanno subito modifiche solo nelle forme e in alcuni dettagli. Ma considerando il carattere dell'autorità, che altro può fare? Il potere politico non è un fattore di produzione; non può contribuire all'aumento degli standard di vita nemmeno con un singolo pezzo di pane o un paio di scarpe; le cose che soddisfano i desideri umani derivano dall'applicazione del lavoro sulle materie prime, e in questo processo il potere politico si ritrova fuori dal suo campo. Il meglio che possa fare per promuovere la produzione è mantenere un clima di tranquillità. Quando si impegna ad intervenire sul mercato, si attrezza semplicemente a prendere ciò che trova. Più prende, meno c'è per la Società, e l'esaurimento delle risorse provoca un atteggiamento di dipendenza dal potere di confisca. Questo atteggiamento è peggiorato quando gruppi selezionati diventano i beneficiari della confisca; sono quindi grati al potere politico per il loro benessere, e il sostegno e l'adulazione del benefattore è una reazione naturale. Il potere politico sopravvive grazie alla confisca.

Per dimostrare il punto, è solo necessario sottolineare il fatto che l'establishment politico si attacca al suo ruolo passivo quando la Società produce poco, e diventa attivo e cresce in statura solo quando appare un accumulo di ricchezza. Tra le tribù indiane del Nord America, dove la produzione raggiungeva la sussistenza, i capi, che erano politici part-time e volontari, esercitavano poca autorità e solo entro i limiti richiesti per mantenere l'ordine. Viceversa, quando i conquistadores arrivarono in Perù trovarono un notevole accumulo di ricchezza e un accumulo corrispondente di potere politico.

Un confronto tra l'establishment politico americano e quello attuale esalta il punto che si vuole confermare; quando nel 1789 l'economia del Paese era in gran parte agricola e la sua ricchezza totale era misurata in milioni, lo scopo dell'autorità politica era nettamente delimitato; i suoi interventi sono aumentati in numero e in misura dell'energia produttiva della popolazione, e ora che la ricchezza della nazione è misurata in molti miliardi la mano dell'autorità viene percepita in ogni attività privata. I suoi poteri interventisti sono proporzionati al suo esproprio di un terzo di tutto ciò che viene prodotto.

Quando mettiamo sotto il microscopio la natura del potere politico, diventa comprensibile la sua propensione incorreggibile alla predazione. Solo in questo istante possiamo comprendere come il potere politico non è "nella natura delle cose", ma alla natura dell'uomo. Non è inesorabile come la forza di gravità, ma è un espediente escogitato dall'uomo per facilitare la sua voglia di soddisfare i propri desideri con il minimo dispendio di lavoro. Il potere politico è il potere fisico, o la relativa minaccia, che un uomo o un gruppo di uomini possono esercitare su altri uomini in modo da influenzarne il comportamento. Può avere origine in un corpo di sanzioni sociali, ma difficilmente si può parlare di potere politico fino a che queste sanzioni non sono applicate con una forza di polizia. Comunque, viene esercitato dagli esseri umani e, pertanto, deve essere correlato alla legge onnipervasiva dell'azione umana, la voglia di ottenere il massimo con il minimo.

Poiché tutti gli esseri umani sono dominati da questa voglia, il potere politico è sempre soggetto alla concorrenza, e il dominio di un solo uomo su un gruppo è possibile solo quando tale gruppo è abbastanza ristretto affinché il suddetto uomo possa intimidirlo.

Non può esistere un monarca assoluto di una nazione; il potere politico deve avere una base sufficientemente ampia per sostenere l'apice, e il dominio che sembra identificarsi con la volontà di una sola persona viene invece esercitato da un'oligarchia o da una burocrazia. Il potere politico deve avere alleati, gli uomini lo supportano perché è nel loro interesse. Guglielmo di Normandia consolidò la sua conquista dell'Inghilterra dividendone la terra tra i suoi uomini fidati, in modo che potessero vivere bene grazie alla produzione dei vassalli e dei servi. Per una ragione economica simile, i politici del XIX secolo lasciarono in eredità un impero ai baroni delle ferrovie d'America; in entrambi i casi i beneficiari di queste generosità sostenevano il potere politico.

Questo bisogno è l'unico che conta per le pratiche predatorie delle istituzioni politiche. La corona poggia in modo scomposto sul ciglio reale, almeno fino a quando non viene tenuta saldamente in posizione dalla lealtà dei soggetti che la supportano o sperano di partecipare ai privilegi che può garantire loro; e allo stesso modo un parlamentare ha bisogno dei voti o dei contributi elettorali di quegli elettori che si aspettano di trarre profitto dalla sua elezione al potere. Che cosa può elargire loro? Solo ciò che può trafugare dalla dispensa della produzione. Nient'altro.

L'avvento del suffragio popolare non ha modificato la natura del potere politico né le sue pratiche. La dottrina su cui poggia il suffragio recita che la sovranità — il protocollo per il potere — è nelle mani degli elettori, una sorta di possesso permanente, ed essi si limitano a prestarlo per un periodo di tempo limitato ai governanti da loro selezionati. Ai fatti questa dottrina si riduce all'idea che nel giorno delle elezioni ogni elettore tiene nelle sue mani un piccolo pezzo di potere che una volta era nelle mani del re.

Ma così come il re sapeva che l'essenza del potere era rappresentata solamente dall'elargizione di prerogative e gratifiche, anche l'elettore, quando scarabocchia la sua scheda elettorale, è influenzato dalla sua condizione materiale o da un'aspettativa di miglioramento. Egli presuppone che la sua economia personale sia legata al potere politico, non alla sua capacità produttiva, e tale ipotesi sembra abbastanza valida quando osserva che alcuni dei suoi compari elettori traggono benefici dal trogolo pubblico. Tuttavia il suo minuscolo pezzo di potere non è in grado di spingerlo in una posizione favorevole, soprattutto perché è in concorrenza con milioni di altri. È necessario che egli aggiunga il suo voto a molti altri in modo da poter raggiungere il fatidico 51%. È così che nasce il sistema dei gruppi di pressione che utilizzano il potere politico per acquisire vantaggi pecuniari.

Ma qual è il profitto di chi governa?

Che cosa spera di guadagnare il possessore del potere politico — anch'esso un essere umano — dall'affare che conclude con chi mette lo scettro nelle sue mani? Questo dipende dai valori del singolo politico, ma prendendoli in considerazione nel loro complesso, i desideri che li spingono a cercare la carica pubblica sono esattamente quelli che motivarono Carlo Magno: gratifiche e privilegi. Che altro si può ricavare dalle fatiche politiche? Mettendo da parte le crude tangenti e i metodi più sofisticati e legali di elargire vantaggi economici, il politico misura il suo guadagno dalla soddisfazione di un desiderio che spesso è più forte del desiderio legato alle semplici comodità. Così come alcune persone traggono più piacere dalla musica che dal cibo, da un'arrampicata in montagna che da una vita rilassata, altri traggono il loro *summum bonum* dalla vita politica o dal senso di auto-importanza stimolato dall'esercizio del potere.

Si tratta di una soddisfazione dell'ego che deriva dall'amministrazione e dalla scrittura di regole a cui gli altri devono obbedire, e per molti di noi questo rappresenta un valore inestimabile. Altrimenti come si potrebbe spiegare la lotta senza esclusioni di colpi per la carica pubblica? "Viva il re" è l'investitura del trono. L'istituzione politica predatoria che emerge quando la Società acquisisce una competenza, è tracotante vanità e cupidigia.

Ma ci deve essere un mezzo per impedire a Caino di danneggiare la proprietà di Abele, altrimenti la vita umana tornerebbe all'epoca dei dinosauri. Non ci può essere una Società fino a quando non c'è un mercato, e non ci può essere un mercato fino a quando non è garantita la sicurezza del proprietà. Senza tale garanzia l'individuo non si sforza di migliorare la sua situazione e la produzione scenderà al livello della mera sussistenza; l'essere umano sarà poco più che un animale, uno stato contro il quale si ribellano le sue compulsioni primordiali. È per questo motivo che istituisce un meccanismo per la protezione della vita e della proprietà, anche contro sé stesso, un macchinario a cui dà il nome di Governo.

"Per garantire questi [inalienabili] diritti [alla vita, alla libertà e alla ricerca della felicità], vengono istituiti governi tra gli uomini". Ne consegue che se ci fosse un modo per garantire questi diritti senza un Governo, gli uomini non lo istituirebbero. E ne consegue anche che quando il Governo impiega il suo monopolio della coercizione per scopi che violano tali diritti, cessa di essere Governo. Diventa un'altra cosa, proprio come un mercantile che si dà alla pirateria non può essere più classificato come mercantile. Quando la commissione incaricata di custodire il potere della coercizione lo usa per confiscare beni, non può rivendicarli nel nome del Governo. Si tratta di corruzione, e il suo nome è Stato.

Capitolo 10: È nato lo Stato!

"In quei giorni", ci viene detto in Giudici 17:6, "Israele non aveva un re; ognuno faceva quel che gli pareva meglio".

Essere in grado di fare una cosa simile significa essere liberi e la libertà rappresentava il modo di vivere degli israeliti prima dell'avvento dei re. Eppure non deficitavano di un Governo, non deficitavano di quei controlli sociali che rappresentano l'essenza di un governo. L'economia dei membri della tribù richiedeva al singolo che si adattasse a procedure cooperative e regolamentate; un uomo che si lasciava trasportare dalle proprie bizze quando la tribù era alla ricerca di terra da pascolo sarebbe stato un disastro; si trattava di restare uniti o di morire. La tradizione sosteneva la necessità di organizzare in modo ordinato la vita, poiché la tradizione traeva le sue origini dall'esperienza, la quale si era dimostrata vantaggiosa. Le leggi del costume erano santificate perché violarle significava incappare in pesanti sanzioni, non solo per l'individuo ma anche per l'intero gruppo. Era una società conservatrice; l'adesione a principi dimostrati era l'unico modo con cui raggiungere la felicità. Ciò che era "giusto" agli occhi dell'uomo della tribù lo era anche agli occhi della tradizione, del costume e delle leggi di Yahweh. La libertà non può essere concessionata. Né c'era una mancanza di leadership prima dell'avvento dei re. Qualcuno doveva pianificare strategie e improvvisare tattiche per le guerre che i membri della tribù dovettero affrontare durante la loro marcia verso la Terra Promessa, e qualcuno doveva sedare le controversie per scongiurare il caos di battaglie intestine.

Quindi emerse la figura del Giudice, uomini stimati per la loro saggezza e integrità, "agenti" nominati dalla natura per insegnare equilibrio e rettitudine. Siamo portati a concludere che questi Giudici guadagnarono il loro status per selezione naturale e consenso comune, qualcosa di molto simile ai capi delle tribù Indiane del Nord America. C'era consenso sul fatto che l'autorità dei Giudici fosse santificata da Dio, ma la prova della loro unzione era il modo in cui esercitavano tale autorità. Erano leader in virtù del loro dono di esserlo.

La caratteristica fondamentale dell'esercizio dei Giudici è che non avevano alcun potere coercitivo. "Ognuno faceva quel che gli pareva meglio" significava che nessun uomo era costretto a fare altrimenti; e dal momento che "in quei giorni Israele non aveva un re" bisogna presumere che non esistesse alcun corpo di polizia che potesse far rispettare le regole di comportamento. Il solo agente usato dai Giudici per far rispettare i loro dettami era l'opinione pubblica. La locuzione "così disse Yahweh" aveva la stessa forza di "così diciamo noi tutti".

Secondo i calcoli comuni, questo Governo durò circa quattro secoli – un periodo paragonabile alla durata della repubblica Romana. Il modo in cui si concluse è scritto nel Libro di Samuele, dove si dice che gli anziani delle tribù andarono dall'ultimo dei Giudici e gli chiesero di scegliere un re che li governasse.

Val la pena di notare lo sfondo di questa inquietudine per una riforma costituzionale. I nomadi si erano ormai stabiliti tra le colline intorno a Canaan; il pascolo stava passando il testimone all'agricoltura; il possesso di terreni aveva acquisito un'importanza che non aveva avuto durante le migrazioni; il commercio, l'accumulo di capitali e le transazioni finanziarie erano entrati a far parte della vita di tutti i giorni.

La loro economia cambiò. Il loro nuovo punto di vista nei confronti della vita era caratterizzato da una visione di grande ricchezza tra le valli; lì la magnificenza del culto di Baal in templi sfarzosi avrebbe sostituito l'austerità che Yahweh aveva imposto loro, e qualsiasi tipo di problema pubblico e privato sarebbe stato risolto da un establishment reale onnisciente e onnipotente, sollevando la popolazione dalla rigorosa auto-disciplina. Sembrava una cosa buona.

L'occasione giusta per introdurre la richiesta rivoluzionaria sarebbe stata quella che noi chiamiamo oggi un'emergenza. All'epoca, infatti, c'erano due emergenze. Nella politica estera le cose andavano male per Israele; i Filistei non solo li avevano battuti in battaglia, ma avevano anche profanato la sacra arca dell'alleanza. Sul fronte interno, avevano perso la fiducia nella leadership; i due figli di Samuele, che egli aveva scelto come assistenti, non vivevano secondo gli standard richiesti dalla loro carica: "si lasciavano sviare dalla cupidigia, accettavano regali e pervertivano la giustizia".

Samuele era stato uno scienziato politico di prim'ordine, guidato solamente dalla sua rimarchevole regalità di giudizio. Però si dispiacque quando gli anziani dissero: "Eleggi un re affinché ci governi come una nazione". La storia dice che portò la questione davanti a Yahweh, il quale gli assicurò che non si poteva fare più nulla per salvare gli israeliti perché loro stessi non volevano essere salvati.

Avevano rinunciato alla tradizione rigorosa dei loro avi, la quale faceva affidamento sull'integrità personale e sull'autodeterminazione, avevano perso il tocco vittorioso che li portò a scappare dall'Egitto e ad arrivare alla periferia della Terra Promessa; la fine del sistema dei Giudici poteva essere spiegata proprio con una mancanza di auto-disciplina.

Pertanto, disse Yahweh, dai loro ciò che chiedono, ma come stoccata finale potresti "Mostrare loro il tipo di re che li governerà"; e dì loro che una volta che comprenderanno il loro errore, sarà troppo tardi per riguadagnare la libertà: "Il Signore non vi ascolterà in quel giorno". Questo è un commento interessante, poiché sottolinea il fatto che quando una popolazione ripone la fiducia in uno Stato piuttosto che in sé stessa, non c'è modo di tornare indietro.

Così Samuele descrisse l'ordine delle cose sotto un re. Dapprima ci sarà coscrizione che sostituirà il sistema del volontarismo che aveva servito bene gli uomini delle tribù in tutte le loro peregrinazioni, e tale coscrizione non si limiterà al servizio militare ma includerà anche il servizio presso la corte del re; inoltre anche le donne saranno oggetto di servitù non volontaria. In seguito "se ne farà de' capitani di migliaia e de' capitani di cinquantine". Il termine "capitano" è ambiguo, a volte si riferisce a uomini in guerra, a volte a quella che avrebbe definito nobiltà, a volte ai burocrati (in base alle loro mansioni); fu sotto il regno di Davide e Salomone che il termine "capitano" assunse una varietà di significati. "E", continuò Samuele, "Il re prenderà da voi le vostre terre migliori e le darà ai suoi funzionari e ai suoi servi", instaurando un'aristocrazia latifondiaria, che le leggi di Mosè proibivano. Per di più, affinché possa mantenere il suo regno "prenderà la decima delle vostre semente e delle vostre vigne"; a quanto pare la tassazione rappresentava qualcosa di nuovo tra gli israeliti. Ma, soprattutto, "tutti voi sarete suoi servi".

Ma gli anziani erano cocciuti nella loro richiesta di autorità politica. Potremmo azzardare un'ipotesi per spiegare la volontà di questi anziani: forse non volevano far altro che diventare la nuova classe latifondiaria solidificando la loro posizione sotto un re.

103

Molto probabilmente era la paura che aveva occupato i loro cuori, come spesso accade quando una persona che ha avuto successo nella vita deve affrontare le avversità della stessa, quindi erano disposti a scambiare la libertà per la promessa di sicurezza... per quanto possa essere sicura una prigione. La ricerca di un semidio è intrinseca alla natura umana; la paura dei problemi della vita tende ad indebolire l'autodeterminazione e incoraggia la ricerca di un salvatore. La fiducia nel potere politico rappresenta una comoda fuga dalla realtà.

Ad ogni modo, Samuele nominò Saul. Sin dall'inizio dell'era reale i problemi d'Israele si moltiplicarono. Ci fu un'ondata di guerre contro i soliti Filistei, con vittorie sporadiche; il dissenso interno, che fino a quel momento era stato raro, divenne la norma. Alcuni seguirono Saul, altri si ribellarono contro il suo governo; in particolare, quest'ultimi si opponevano all'approvazione di quelle istituzioni di cui aveva messo in guardia Samuele. Ma, come disse Samuele, non ci sarebbe stato più modo di riguadagnare la libertà una volta che lo Stato avrebbe fatto la sua apparizione, e il Giudice fu messo subito alla ricerca di un nuovo salvatore. Scelse Davide, ma la cosa fondamentale è che sebbene fosse stato nominato da Samuele, dovette combattere per arrivare al potere; salì al trono sulle ali di quella che avrebbe definito una rivoluzione. La lotta per il potere, abbellita con banalità morali e giustificazioni plausibili alla superficie, era penetrata nelle usanze degli israeliti. C'è una storia nell'ascesa di Davide che rappresenta una lezione di scienza politica. Un giovane soldato che aveva portato a Davide la notizia della morte di Saul – sperando che in questo modo avrebbe fatto un favore a Davide visto che Saul lo stava braccando – confessò di aver partecipato all'eliminazione del re, ma per suo enorme dispiacere Davide lo condannò a morte.

La ragione era semplice, il soldato aveva lordato la sua obbedienza al re; per un cittadino era un crimine mettere le mani sul prescelto. È il modo del potere politico quello di acquisire una qualità sovrannaturale e rendere la persona che lo esercita degna di essere venerata. Anche se il re in carica si dimostrasse indegno, un'aura di divinità continua a pervaderlo; è una forma di animismo, attraverso la quale colui che esercita il potere viene sollevato da tutte le responsabilità che ne possono derivare. Nei tempi moderni siamo abili a "riconoscere i delinquenti", ma non ci viene mai in mente che la delinquenza possa impadronirsi di quegli uomini onesti che finiscono per ricoprire cariche pubbliche di una certa rilevanza.

Sebbene il popolo d'Israele avesse chiesto la nomina di un re, lo spirito della libertà non era completamente scomparso dai radar, e Saul non costruì il suo regno su basi solide. Ci volle tempo affinché il mito dell'autorità guadagnasse un'accettazione generale. Davide, il secondo re, si comportò meglio del suo predecessore, poiché ebbe quarant'anni per portare sulla sua stessa linea di pensiero gli uomini della tribù; durante il suo regno maturò una seconda generazione, e per quest'ultima il diritto reale era qualcosa di "moderno", reale e vibrante, mentre la libertà dei suoi avi era qualcosa di sbiadito nelle trame del tempo. Nonostante ciò, il passato continuava ancora a farsi sentire e Davide dovette fare i conti con insurrezioni frequenti e, alla fine, con una guerra per la successione. Ebbe successo, come apprendiamo dal Secondo Libro di Samuele, nell'assemblare la struttura necessaria per uno Stato di successo, cioè, circondare la figura del regnante con una casta di "uomini forti", analoga a quella che oggi chiameremmo classe di privilegiati, e con un gruppo di "servi" efficienti le cui funzioni corrispondevano a quelle dei nostri burocrati odierni. In questo modo consolidò il potere sotto Salomone.

La storia di Saul-Davide-Salomone illustra la gestione dello Stato. All'inizio un capotribù ispiratore combatte per ottenere influenza come un lupo solitario, sbaragliando i rivali e concentrando su di sé tutto il potere. Questo metodo ha pregio solo finché l'area della sua sovranità è limitata alla supervisione personale. Ma si dimostra abbastanza inefficace e per di più abbastanza precario. Mentre la sua ricerca di potere va oltre le sue aspettative, come accade sempre, scopre di dover delegare parte del suo potere e condividere le sue prerogative con un'oligarchia di supporto – militare, ecclesiastica (o intellettuale) e, col tempo, gruppi commerciali o industriali che mettono a disposizione il loro asservimento in cambio privilegi speciali. Per il re rappresentano il fossato del suo castello. Oltre a questi privilegiati deve circondare la sua cittadella con una classe di "servi" ben pagati capace di prendersi cura dei dettagli della sovranità dimodoché possa funzionare senza alcun intoppo.

Lo Stato non è, come sostengono molti scienziati politici, una cosa inanimata; è costituito da persone, esseri umani, ognuno dei quali opera in base all'impulso innato di vivere al massimo col minimo sforzo. Si differenziano dagli altri esseri umani solo perché hanno scelto (credendo che sia la via più facile) i mezzi politici o predatori per soddisfare i loro desideri piuttosto che quelli economici o produttivi. L'illusione che lo Stato sia un'istituzione impersonale, qualcosa che la Società costruisce per il proprio vantaggio, serve a nascondere, anche ai suoi membri, la sua vera natura. Eppure, se non fosse per i benefici economici che favorisce ai gruppi di privilegiati, e se non fosse per gli emolumenti e gli onori della posizione politica, non esisterebbe alcuno Stato. Lo Stato sono le persone. La saggezza di Salomone venne dimostrata dalla sua capacità di consolidare il potere dello Stato.

In primo luogo il sostegno del suo regno poggiava su basi solide, poiché ci viene detto che ai suoi capitani, principi, preti e servi, le classi privilegiate, "non mancava niente". Comprò ogni possibile opposizione. Poi evitò in tutti i modi le guerre costose e distruttive dei suoi predecessori, e fece ricorso al ricatto diplomatico per portare sotto la sua influenza i re ai confini del suo dominio fonte probabile di guai. La sua preoccupazione principale era la gestione degli affari interni, mantenendo una buona presa sul suo popolo propagandando il mito dell'autorità. Il tempio che fece costruire fu un colpo di genio politico, poiché ricoprì il suo regno con un'aura di onnipotenza; lo stesso dicasi per le città fortificate e le navi da guerra. Questi erano solamente programmi per dare lavoro alla popolazione, ma gli restituirono molto favore pubblico e raggiunsero lo scopo politico per cui erano stati ideati: dare allo Stato il carattere di una persona che agisce nel fornire grandi cose sociali. Questo è il prerequisito per mantenere il potere sulle persone.

Per quanto riguarda il metodo con cui finanziò questi lavori pubblici, basti dire che utilizzò schiavi (sotto la legge ebraica questa forma di sfruttamento era applicabile solo agli estranei). Ci sono anche prove che raccontano di come richiese tributi ai principi vicini. Ma, per quanto riguarda la tassazione, apprendiamo qualcosa quando leggiamo i passaggi in 2 Cronache (capitolo 10), i quali parlano dell'insediamento di Roboamo. Ci viene detto che "tutta Israele" implorò il nuovo re perché: "Tuo padre ha reso pesante il nostro giogo, ora tu alleggerisci la dura schiavitù di tuo padre e il giogo gravoso, che quegli ci ha imposto, e noi ti serviremo".

Fu attraverso il peso gravoso delle tasse che lo Stato d'Israele raggiunse il suo apice di gloria sotto Salomone. La sua opulenza rifletteva la povertà del suo popolo.

E così doveva essere. Bisogna ricordare che la Società è un gruppo di persone che coopera con un altro gruppo di persone affinché entrambi possano migliorare le loro circostanze, e le tecniche mediante le quali la Società raggiunge i propri scopi sono la produzione e lo scambio. Non c'è altro modo attraverso il quale la Società può prosperare. Qualunque cosa privi i membri della Società dei frutti del loro lavoro rappresenta un deterrente per quello scopo stesso che li ha riuniti; è una forza avversa alla cooperazione. E tra gli strumenti che gli uomini hanno inventato per disintegrare gli scopi della Società il più devastante è la tassazione, perché è un drenaggio costante sulla proprietà degli individui che aumenta all'aumentare della produttività di quest'ultimi. Lo Stato, dall'altro lato, prospera da quello che può estrarre dalla Società; i suoi templi sono costruiti grazie alle tasse, la sua burocrazia cresce in grandezza e arroganza grazie alle tasse, e sempre con le tasse lo Stato compra il supporto di coloro che altrimenti vi si opporrebbero. Più riesce a tassare, più lo Stato diventa ricco, più povere diventano le persone; più sono alte le tasse, più è forte lo Stato, più deboli sono le persone; gli interessi di queste due entità sono diametralmente opposti. La resistenza nei confronti dello Stato diminuisce al diminuire delle sue confische, e, in ultima analisi, quando il carico fiscale diventa un giogo, la sottomissione nei confronti dello Stato diventa la condizione necessaria per vivere.

Definire la tassazione come un giogo è un chiaro esempio di schiettezza biblica. Il giogo viene apposto sul bue, una bestia da soma, che per natura è incapace di rivendicare un diritto di proprietà sui prodotti del suo lavoro. Ne consegue che quando un essere umano viene privato di questo diritto il suo status sociale rassomiglia a quello di un bue, e se la tassazione si prende tutto ciò che produce può essere tranquillamente equiparato ad un bue vero e proprio.

Gli israeliti che implorarono Roboamo affinché abbassasse il carico fiscale imposto da Salomone (lo Stato) è un esempio calzante.

La storia va avanti dicendo che Roboamo rifiutò le suppliche di "tutta Israele", promettendo che invece avrebbe aumentato le tasse. Poi si parla di una rivolta contro le tasse da parte della tribù di Giuda, una famiglia che rifiutava periodicamente la primazia di Gerusalemme: quando Adoram, l'esattore fiscale capo di Roboamo, si presentò da loro "venne lapidato a morte". Tale incidente ci insegna un'altra lezione sulle scienze politiche: lo Stato non riesce mai ad avere un'influenza totale sulla Società (altrimenti questa si disintegrerebbe e lo Stato collasserebbe per mancanza di nutrimento) e ci saranno sempre critici e ribelli. Ci furono molti re dopo Salomone e tutti dovettero sentire le voci dei profeti che richiamavano il popolo ai vecchi principi. In 2 Cronache si dice: "Così Israele si ribellò alla casa di Davide; tale situazione dura fino ad oggi".

Capitolo 11: *"Servizi per la Società"*

Lo Stato è costituito da un certo numero di persone che, avendo una certa presa su di esso, fa uso del meccanismo della coercizione per raggiungere la propria visione di felicità senza preoccuparsi della disciplina del mercato. Prende in ostaggio la Società. Prendendo in considerazione l'equipaggiamento della coercizione – leggi, propaganda e la polizia – lo Stato potrebbe essere definito un'istituzione; ma in sostanza è una banda di persone. Il carattere dello Stato diviene più evidente quando la banda è un gruppo di estranei, un'orda conquistatrice o un potere imperialistico, oppure quando una classe sociale distinta, una nobiltà, possiede mandrie; in questo senso, come accadde sotto il comunismo, un gruppo auto-nominato si dedica all'uso del potere. Entra in gioco l'oscurantismo e maschera il carattere dello Stato quando il personale governante è soggetto a cambiamento periodico, e in particolare quando l'oligarchia convince sé stessa e la Società che sta lavorando per un bene superiore. È nel concetto "servizio sociale" che si perde il vero carattere dello Stato. Ci sono servizi che sono davvero sociali, poiché senza di essi non esisterebbe alcuna Società. Il calzolaio è un servitore sociale perché crea scarpe per le persone. Lo stesso lo si può dire per il tizio che fabbrica stuzzicadenti o per la figura del dottore o per quella dell'intrattenitore, o per qualsiasi altra persona che si dedica a soddisfare i desideri umani. Se qualcuno è un servitore sociale questo lo decide la Società, attraverso il libero scambio di possedimenti. Più il servitore avrà successo, maggiore sarà la sua funzione sociale, poiché tale successo è l'immagine della qualità e della quantità delle soddisfazioni che ha reso agli altri.

Ma i "servizi sociali" di cui si occupa lo Stato sono alquanto differenti da quelli che la Società decreta come servizi sul mercato. Sono imprese che non hanno nulla a che fare con il mercato, non sono soggette a condizioni concorrenziali, non esistono perché la Società ha scelto che dovessero esistere e non sarebbero mai nate senza il potere politico. È lo Stato che decide se siano servizi o no.

Dal momento che lo Stato rappresenta il monopolio della forza, e non ha altra competenza, i "servizi" che pretende di fornire non possono essere oggetto di nessun altro giudizio. Ma, sebbene la coercizione sia la sola giustificazione, il fatto che vengano accettati dalla Società richiede un supporto morale; e così si dice che ci sono alcuni servizi che possono essere meglio forniti collettivamente e quindi vengono chiamati "sociali".

Cosa può essere fatto collettivamente che non può essere fatto senza l'uso della forza? Cosa sono questi "servizi sociali"? La categoria varia al variare dell'incidenza del potere. In uno Stato la costruzione di una linea ferroviaria può essere gestita dallo Stato stesso, mentre in un altro potrebbe farlo una ditta privata. Una volta l'assicurazione era un servizio fornito da specialisti nei confronti di coloro che vi si rivolgevano; ora questo campo è stato invaso ed è lo Stato che fa promesse. Inoltre la definizione di "servizi sociali" subisce cambiamenti forzati attraverso la legge, come quando gli Stati Uniti misero fuori legge la consegna della posta da parte di privati. La ragione è chiara: ogni attività di cui lo Stato si fa monopolista riduce lo scopo dell'attività sociale, aumenta il bacino di burocrati e migliora la sua posizione rispetto alla Società. Cioè, il suo potere aumenta in proporzione al numero di "servizi sociali" che ingloba.

Il processo di acquisizione è auto-accelerante. In una Società altamente integrata, dove la specializzazione è diffusa e ogni specializzazione incide sull'altra, l'invasione dell'ambiente di mercato da parte dello Stato è un processo consequenziale: l'invasione di un campo porta subito all'invasione di un altro, e da qui la necessità a designare "sociali" sempre più occupazioni. Una volta iniziato, questo processo non può essere contenuto; deve andare avanti. Alla fine il mercato viene abolito completamente; tutto quello che un uomo potrebbe fare per migliorare la sua posizione sarebbe rivolgersi al potere politico. Quindi i "servizi sociali" rappresentano uno Stato totalitario, o il comunismo. Ogni qual volta lo Stato si appropria di un'attività economica, o la monopolizza del tutto o la circonda di condizioni che sono particolarmente vantaggiose, in modo che le operazioni private in quel campo vengano scoraggiate. In primo luogo, lo Stato non tassa sé stesso e così è sollevato da un costo che i suoi concorrenti devono portare. Inoltre non è affatto costretto a far combaciare entrate e uscite, poiché può recuperare le perdite attraverso la tassazione. In secondo luogo, la contabilità dello Stato non ha alcun senso. La concorrenza con lo Stato, anche quando viene permessa, diventa impossibile. Infatti lo Stato sa che non può competere con l'andamento delle imprese private e pertanto si rifiuta di sottoporsi al giudizio del mercato. Il suo interesse non è fornire un servizio, ma espandere il suo potere sulla Società. Quelli che sono chiamati "servizi sociali" sono solamente mezzi per tale espansione. Nonostante ciò, il concetto di "servizi sociali" aveva una base solida. Come al solito, la radice di suddetto concetto è da ritrovarsi nella ricerca umana di una vita migliore. Nei giorni in cui gli individui stavano organizzando la Società, così come pensavano che un Governo avrebbe potuto mantenere le cose in equilibrio, allo stesso modo pensavano che altri strumenti sarebbero serviti allo stesso scopo.

L'esperienza aveva insegnato loro che i beni accumulati potevano essere distrutti da un incendio. I loro vicini avevano la stessa preoccupazione. Il risultato di questa preoccupazione comune fu un dipartimento di vigili del fuoco volontari; ogni membro della comunità si sottometteva al bisogno occasionale dei suoi servigi come vigile del fuoco perché così facendo avrebbe soddisfatto anche i propri interessi; aiutando a salvare la proprietà dei suoi vicini stava salvando anche la sua. Poi c'era il problema delle strade, la loro costruzione, la loro manutenzione, la loro riparazione. Dal momento che senza strade non ci poteva essere comunicazione tra vicini o tra i vari specialisti che offrivano servizi, un paio di giorni dedicati a questo tipo di lavoro non rappresentava un prezzo troppo alto da pagare rispetto ai benefici. Se c'erano bambini nella comunità, il loro bisogno d'istruzione era soddisfatto da un volontario che aveva una certa competenza nell'insegnamento. In breve, il volontarismo si prendeva cura di un certo bisogno che ancora non era diventato abbastanza importante da richiedere uno specialista a tempo pieno.

Questi servizi avevano tutto il diritto di definirsi "sociali". Sono specializzazioni che vanno a beneficio di tutta la cittadinanza e che ancora non sono identificati con sforzi separati. Così come il macellaio, il panettiere e il calzolaio possono svolgere al meglio i loro lavori dove ci sono strade trafficate che conducono ai loro negozi, allo stesso modo queste strade sono utili alle casalinghe che le frequentano abitualmente. Se uno di questi mercanti chiudesse la sua attività, un altro ne prenderebbe il posto se necessario; se la strada trafficata venisse distrutta, ne soffrirebbe l'intera comunità. La manutenzione della strada è un servizio sociale come lo è la manutenzione di un ascensore in un palazzo. E la stessa cosa vale per la stazione dei vigili del fuoco, un sistema sanitario e il rifornimento d'acqua.

Il volontario part-time di un particolare servizio sociale è stato superato dai bisogni di una popolazione crescente. Sono emersi specialisti e questi dovevano essere pagati. Ma gli specialisti non necessitano di un potere di polizia per svolgere i loro servizi. L'autorità non costruisce impianti idrici, non smorza incendi, non ripara le strade; sono gli ingegneri, lavoratori adeguatamente formati, e le macchine che svolgono questi compiti, e l'unica autorità che può inserirsi in questa equazione è quella di raccogliere il denaro necessario per pagare i loro servigi. Eppure, data la natura del potere politico di espandere oltremodo la sua influenza, questi servizi sono assoggettati dall'oligarchia; i lavoratori che svolgono il lavoro sono definiti "funzionari pubblici", vengono reclutati nell'esercito dello Stato e quindi acquisiscono un interesse affinché abbia una vita lunga e possa allargare i suoi poteri.

Estinguere un incendio potrebbe essere un'azione affidabile alle compagnie assicurative, il cui interesse vitale sarebbe quello di svolgere un lavoro nel modo più efficiente possibile e al costo più basso possibile. Un lavoratore assegnato alla pulizia delle strade sarebbe costretto dalla concorrenza a fare un buon lavoro e a farlo al prezzo stabilito; non ci sarebbe alcun bisogno di fare deficit per pagarlo. Se una compagnia telefonica può operare in modo efficiente e soddisfare i suoi obblighi, incluse le tasse, potrebbe farlo anche un sistema postale privato. In breve, all'interno di una Società non esiste servizio che può essere migliorato attraverso una sua politicizzazione, ma solo attraverso la concorrenza del mercato. La sola ragione per cui l'intromissione politica ne prende le redini è quella di conferire allo Stato (e c'è uno Stato in ogni città) una parvenza di competenza che in realtà non ha, in modo che il suo accumulo di potere possa apparire socialmente vantaggioso.

Il potere dello Stato è proporzionale alle sue entrate. Più denaro lo Stato si ritrova per le mani, più lo spenderà; non è capace di inibire la sua passione per il potere. Una tassa è un trasferimento obbligato di proprietà dal produttore al governante, e tale trasferimento è accompagnato dal potere di disporre dell'ammontare di denaro raccolto. Anche se la disposizione dei fondi fiscali è circoscritta dalla legge, è ancora lo Stato, non il proprietario originario, che prende le decisioni. Più è alta la tassa più sono ristrette le scelte del produttore, e se a quest'ultimo vengono tolti tutti i suoi guadagni – il programma Comunista – diventa completamente dipendente dalla volontà di colui che spende i soldi sequestrati, anche per quanto riguarda il modo di vivere. In questo modo la libertà dell'individuo è commisurata alla confisca fiscale. E le cose stanno così anche se la proprietà confiscata viene spesa in modi che, secondo lo Stato, vanno a beneficio del contribuente. Uno schiavo trattato bene rimane pur sempre uno schiavo. Ciononostante ci sono questi servizi comuni che permettono alla Società di crescere sia in grandezza sia in produttività, e bisogna pagare per ottenerli.

All'inizio c'è un ambiente povero, non un bel posto in cui vivere, e pertanto non favorevole alle imprese, dove i fiumi di fango sono le uniche strade, il gabinetto esterno è l'unico dei sanitari disponibili, il pozzo è la fonte primaria d'acqua. Ma non è questo il punto. La sola domanda importante è se esistono mezzi per effettuare questi pagamenti oltre alla tassazione. Forse sì, come un ascensore e un sistema di riscaldamento di un grande edificio possono essere autonomi. Quando seguiamo la trasformazione di un piccolo aggregato di persone in una grande città, passo dopo passo notiamo che in questa evoluzione c'è una fonte di guadagni riconducibile ai servizi che vengono resi possibili.

Per il primo pioniere, prima che venga a crearsi una Società, la sola considerazione riguardo la selezione di un luogo in cui lavorare verte sul flusso di denaro che gli renderà quel particolare appezzamento di terreno. A suo vedere sceglierebbe il "terreno" migliore. C'è un sacco di terreno tutt'intorno, e il secondo, il terzo e gli altri migranti si preoccuperanno solo della produttività. Dopo un certo periodo di tempo, l'afflusso di persone tende a fare esaurire i terreni migliori, lasciando ai nuovi arrivati solo la seconda scelta. Il meglio è superiore alle seconde scelte, perché lo stesso ammontare di lavoro renderà di più, e se i nuovi arrivati desiderassero i luoghi migliori offrirebbero ai primi occupanti un premio per il privilegio di usarli. Dovranno offrirsi di pagare un affitto. Considerate tutte queste cose, l'affitto che si troverebbero a pagare sarà uguale al differenziale di rendimento. Finora sarebbe la fertilità del terreno a determinare l'affitto della terra. Ma, quando la popolazione aumenta fino al punto in cui entrano in gioco la specializzazione e il commercio, emerge una discriminante nella desiderabilità dei luoghi che non ha alcuna connessione con i raccolti. Il fabbro non ha bisogno di un acro per esercitare il suo mestiere, solo un lotto, e un dottore ha bisogno di uno spazio ancora più piccolo. In una frazione di fattoria, gli uomini producono beni e servizi che hanno una domanda considerevole, e gli specialisti in questi campi fanno offerte importanti per queste frazioni. Le loro offerte sono il risultato dell'affollamento e quest'ultimo è generato da una concentrazione di popolazione in una determinata area. È da qui che ha origine il termine *Main Street*, con i suoi negozi, i suoi hotel, i suoi teatri e le sue biblioteche.

Main Street non è solo la strada principale del Paese in cui sono raggruppati la maggior parte dei negozi. Lì una persona può godere dei piaceri della vita sociale, lì può produrre cose di valore, lì può mettere a buon uso i propri risparmi.

È più di un luogo, è un'opportunità di dare e ricevere servizi. Questa opportunità viene ricercata, e l'intensità del desiderio di far parte di *Main Street* stabilisce il valore degli affitti. Le offerte per trovare un posto a *Main Street* non rappresentano un peso per il reddito di colui che vorrebbe occuparlo, per il suo salario, o per l'interesse nel suo investimento, anzi rappresentano l'opportunità che il luogo desiderato gli fornirà per lavorare e per investire il suo capitale. È solo per questa opportunità che colui che vorrebbe occupare un posto a *Main Street* è disposto a pagare con parte della sua produzione. L'opportunità non gli costa niente, perché se non riuscisse ad esercitare le sue capacità e ad investire il suo capitale lì, se fosse invece costretto a posizionarsi "al di fuori della strada più frequentata", i suoi guadagni sarebbero proporzionalmente inferiori. Se può offrire alla clientela capacità rare, come il canto, è necessario che possa esercitare la sua attività a *Main Street*, perché altrove i clienti sarebbero di meno. Se possiede molto capitale da investire, può aprire il suo negozio o la sua merceria in questo fulcro della vita sociale, perché nella periferia il suo capitale sarebbe improduttivo. Paga per la produzione che può risultare da quel luogo, non per i suoi guadagni.

Main Street – qui usato come simbolo dell'economia di mercato – è resa vitale dalla popolazione. È la popolazione che si concentra in quel luogo, perché quest'ultimo promette un ritorno sul lavoro e sul capitale investito, perché ci sono terreni buoni, porti, miniere, o, alla fine, fabbriche. Sono questi i magneti principali per le persone. Ma dal momento che le persone non vivono di solo pane, i salari guadagnati iniziano a richiedere servizi che solo *Main Street* può fornire, e all'aumentare di suddetti salari aumentano anche suddette richieste.

Tra i servizi richiesti ci sono quelli che portano ad un miglioramento della vita, quelli che richiedono protezione dal fuoco, quelli che richiedono condizioni sanitarie migliori, strade migliori, riserve idriche migliori. Ma non appena spuntano queste richieste di un miglioramento della vita, il posto diviene attraente agli occhi di un numero maggiore di persone e le offerte per viverci si intensificano. Di conseguenza, i valori degli affitti aumentano. Ma aumentano parimenti le possibilità produttive. L'affitto è il riflesso della densità e della produttività della popolazione. La procreazione e l'immigrazione sono solo elementi motore parziali per quanto riguarda l'affitto; ancora più importanti sono le capacità e le strutture che producono ricchezza situate a Main Street.

La relazione causa/effetto tra l'affitto e la produttività della popolazione ci suggerisce che il primo è un finanziamento appropriato da richiedere a quei servizi che non possono essere ascritti agli sforzi di singoli produttori, ma che sono necessari per tutti loro. Questo è un espediente suggerito dapprima dai fisiocrati francesi nel diciottesimo secolo e poi invocato da Henry George sotto il nome di "tassa singola". Come misura fiscale viene elogiata in diversi modi. In primo luogo, non è davvero una tassa, perché l'elemento della coercizione è assente nella raccolta degli affitti. L'affitto deve essere pagato come quando una qualsiasi persona va dal medico o quando vuole acquisire un certo bene economico. È un prezzo pagato per l'uso esclusivo di un luogo in particolare ed è determinato dalla libera concorrenza. Come nel caso di una cravatta o un biglietto per il circo, il prezzo viene fissato da compratori volontari; il possessore del luogo non ha nulla a che fare con il fissaggio del valore dell'affitto. La sola questione è se sia nei migliori interessi della Società che questi affitti vengano pagati al proprietario del luogo o al Tesoro pubblico per sostenere i costi dei servizi sociali.

Per l'occupante non ha rilevanza; a lui non importa se il ricevente dell'affitto sia un idiota, un genio, una corporazione, o la comunità. Poi c'è la questione dell'equità. Dal momento che i servizi sociali attraggono la popolazione e pertanto conducono ad una produzione maggiore, cosa che a sua volta aumenta l'affitto, potrebbe sembrare che il costo di mantenerli sia proporzionale all'affitto. Potremmo dire, quindi, che l'affitto sale in proporzione alla disponibilità di servizi forniti da specialisti privati, come industriali, dottori, ferrovieri, intrattenitori e mercanti. Ma questi sono connessi alla densità della popolazione, la quale è influenzata direttamente dalle condizioni che rendono un certo luogo desiderabile. È possibile guadagnare abbastanza denaro lavorando in un campo minerario, dove non sono disponibili servizi sociali, ma un campo minerario è un posto povero in cui spendere tutta la propria vita. La densità e la produttività della popolazione sono la causa primaria dell'esistenza dell'affitto, ma vi contribuiscono anche i servizi sociali forniti. Di conseguenza pare giusto che questo affitto sia usato per sostenere i costi.

Infine, c'è l'ovvio miglioramento dell'abbondanza nel mercato se le tasse venissero abolite, se la produzione fosse sollevata da questo costo. Una tassa è un'imposizione sui guadagni; è la coscrizione di una parte del salario che, se fosse lasciata al salariato, sarebbe risultata in una domanda efficiente di beni e servizi. I salariati vengono resi più poveri da quest'imposizione. Dall'altro lato, l'affitto non è un peso sulla produzione, ma rappresenta solamente un pagamento per l'opportunità di produrre. Il mercante che afferma la sua noncuranza nei confronti dell'affitto pagato, fintanto che riesce ad esercitare la sua attività, è un economista eccellente; sa che non finirà al verde per colpa dell'affitto, sa che il suo pagamento è solamente una misura del volume delle vendite rese possibili dal luogo in cui si trova.

119

Se allestisse il suo negozio in un'area meno frequentata, pagherebbe un affitto minore ma avrebbe parimenti un commercio inferiore. E sa che il prezzo che deve chiedere per la sua mercanzia è determinato dalla concorrenza, non dall'affitto che paga. A differenza di una tassa, che deve essere sommata al prezzo della mercanzia e assorbita dal consumatore, l'affitto è assorbito dalle transazioni commerciali; non può essere trasferito al consumatore.

Per tutti questi motivi, la "tassa singola" non rappresenta affatto il malessere principale che attanaglia la Società, rappresentato invece dalla tendenza del potere politico nell'invadere la libertà. È vero che Henry George affrontò questo fatto, ma, come coloro che invocano riforme, la sua inclinazione di ingrandire la sua proposta fino a farla diventare una panacea lo portò ad assecondare violazioni dei diritti, considerandole questioni irrilevanti che si sarebbero corrette da sole. Sosteneva che la prosperità risultante dall'abolizione delle tasse avrebbe offerto emolumenti alle imprese private che la politica non poteva concedere, e che solo coloro che avevano raggiunto un certo grado di competenza avrebbero potuto entrare a far parte della vita politica per la gloria servizio pubblico. Ma la sua tesi non combacia con i fatti della storia, né prende in considerazione l'ineluttabile volontà della vita politica di acquisire poteri crescenti. Il complesso del potere non può essere curato con la riforma fiscale. Così come le tasse sono usate per accumulare potere, anche gli affitti dei terreni potrebbero avere lo stesso scopo. È stato stimato che gli affitti in un Paese altamente produttivo, come gli Stati Uniti, rappresentano una somma più grande di quella delle tasse, e un cambiamento in questa situazione a favore dello Stato renderebbe tale istituzione più forte e più arbitraria rispetto ad ora.

Potrebbe usare il fondo degli affitti per acquisire un'industria, come le acciaierie, dichiarandola semplicemente "servizio sociale". In una "democrazia", quanti voti potrebbero essere comprati con l'affitto?

Il meglio che si può dire per quanto riguarda l'uso dell'affitto per sostenere i costi di particolari servizi sociali, al posto delle tasse, è che il piano può funzionare bene in una comunità piccola. Ma non per via di una qualche virtù intrinseca al piano, ma perché in una piccola comunità il potere politico è più reattivo al potere sociale, e qualsiasi tentativo di utilizzare il fondo degli affitti per scopi politici verrebbe subito accolto con disapprovazione dai vicini; ciò vale anche per le tasse in una piccola unità politica. Di conseguenza, nonostante tutti i meriti della "tassa singola", non sopisce i problemi antisociali risultanti dalle istituzioni politiche, la cura per i quali è il decentramento dei poteri, mantenere i politici a portata del popolo di cui gestisce i soldi. Ma questa è un'altra questione.

Capitolo 12: Il profitto della riforma

C'è questo da dire in favore dei socialisti dichiarati e dottrinari, che la loro fede nello Stato è sublime. Per loro, l'istituzione del potere politico è l'infallibile pastore del gregge, la guida alla Società buona; ma è anche l'antidoto per tutti i mali, il creatore dell'abbondanza, l'incarnazione della giustizia, la sublimazione delle aspirazioni umane. Questo è quello in cui credono. A dire il vero, sono influenzati da un razionalismo elaborato, qualcosa che chiamano materialismo dialettico, che a sua volta poggia su un agglomerato verbale noto come economia Marxista. La logica e la realtà senza scopo sono state applicate a queste nozioni per dimostrare che sono solo nozioni.

Ma tutte queste elucubrazioni si sono rivelate un mero spreco di forze, per quanto riguarda l'influenza dei veri adoratori. Ancora ci credono. Non si può fare a meno di meravigliarsi, ed ammirare, la loro integrità devozionale.

La religione del socialismo diventerà a sé, sostengono i suoi devoti, solo quando il culto del diavolo del capitalismo sarà eradicato. Fino a quel giorno felice lo Stato soffrirà di imperfezioni, ma queste imperfezioni non sono inerenti allo Stato; sono solo escrescenze capitalistiche maligne che soccomberanno facilmente alla chirurgia socialista. La vera gloria dello Stato diventerà evidente quando il sacerdozio consacrato sarà messo sul trono nei suoi templi (con la forza, se necessario), che poi procederà a dare manifestazioni quotidiane della sua onniscienza miracolosa, per non parlare della sua onnipotenza.

Nel frattempo, è dovere dei fedeli costruire il potere dello Stato, ridurre l'area dell'espressione perniciosa ed eretica del pensiero individualista, in modo che quando la resistenza allo Stato diventerà futile non ci sarà nessuno competente ad amministrare correttamente la sua grandezza tranne i vescovi dotti della chiesa.

Per questo motivo troviamo i socialisti allineati con i non credenti nel perseguimento di riforme che promettono di migliorare il potere dello Stato. Ma non sono riformatori. Il loro interesse nelle riforme nasce dalla convenienza; la riforma è semplicemente una manovra tattica che si adatta alla loro grande strategia.

Il riformatore è anche una persona devota, ma l'oggetto della sua devozione non è un ordine politico completamente rivisto, solo un miglioramento specifico di quello attuale. Il suo entusiasmo potrebbe inglobare possibilità di panacee nelle sue proposte, ma è principalmente interessato a correggere un male specifico, reale o immaginario. Chiede una legge, con le sanzioni del caso, che costringa le persone a cambiare le proprie abitudini malvagie, che avrà effetti sulla giustizia sociale, che abolirà la scarsità e creerà l'abbondanza, che sfrutterà addirittura la natura ribelle. Qualunque cosa spera di raggiungere, la sua adesione è caratterizzata da un forte senso della morale e della convinzione che il potere politico è lo strumento correttivo della morale.

Che si parli o meno dell'amministrazione della legge, se il riformatore riesce a farla approvare, che produca i risultati previsti o renda i mali peggiori di quelli che cercava di correggere, l'effetto netto è quello di aumentare il potere politico, per indebolire il potere sociale. Il legatario di tutte le riforme è lo Stato.

Quindi il riformatore si rivela un alleato inconsapevole dei socialisti, che in realtà lo disprezzano per la sua mancanza di comprensione spirituale.

La riforma più nota di tutta la storia fu quella effettuata da Giuseppe il Nutritore. La Bibbia ci dice che il tutto iniziò con un sogno, cosa abbastanza caratteristica, perché tutte le riforme germinano nella fantasia. In questo caso, il male che Giuseppe cercò di correggere era una carenza nelle vie della natura; o almeno così dice la storia, anche se potrebbe essere che il dolore che fece visita agli Egiziani attraverso la carestia venne intensificato dalle tasse del Faraone; abbiamo ragione di credere che la tassazione, non la dissolutezza, lasciò poco con cui superare la depressione. Giuseppe la pensava diversamente, e la sua proposta di ripresa si dimostrò molto gradita al Faraone perché implicava l'imposizione di un nuovo prelievo (qui abbiamo il primo caso conosciuto di "tassazione per fini sociali").

La riforma di Giuseppe era così sicura, ineccepibile a tutti gli effetti, che il Faraone la approvò con alacrità. E, naturalmente, tolse il riformatore dalla prigione di Potifar per consegnargli la carica di primo ministro. Quale fu il risultato della riforma? L'imposta sul reddito del 20% che Giuseppe raccolse durante gli anni d'abbondanza venne accumulata nel tesoro pubblico, come previsto, ma quando gli operai affamati chiesero un ritorno, come promesso, vennero informati che c'era un prezzo d'acquisto sui loro beni confiscati. Il prezzo, in un primo momento, era tutto il loro capitale, il loro bestiame, e le loro terre, e quando non avrebbero più avuto tutto questo, in preda alla fame, si vendettero come schiavi al Faraone. Così, la riforma di Giuseppe fece quello che fanno tutte le riforme, aumentò il potere politico.

Forse Giuseppe non voleva che finisse in questo modo — i riformatori non devono essere biasimati per lo spirito contraddittorio delle loro riforme; nella sua conoscenza era, forse, carente della scienza politica, da cui avrebbe potuto imparare che lo Stato non si lascia mai scappare la possibilità di accumulare potere. Circa 40 secoli dopo i contadini dell'America sono stati di fronte ad un handicap economico di proporzioni simili. In questo caso il dolore non è stato causato dalla natura ma dalla legge della terra. C'era una grande disparità tra il reddito e il costo della vita, causata dal fatto che mentre erano costretti ad accettare per il loro prodotto il prezzo fissato dal mercato mondiale competitivo erano contemporaneamente costretti a pagare tariffe per le loro esigenze di produzione. L'equità avrebbe richiesto l'abolizione delle tariffe, ma questo avrebbe indebolito il potere dello Stato, che non lo avrebbe affatto permesso. Così, sono spuntati dei riformatori con l'idea che il reddito degli agricoltori venisse aumentato con le imposte prelevate sul resto della popolazione (anche se il reddito dei produttori protetti era migliorato dalle tariffe) al punto indefinibile in cui le entrate agricole avrebbero raggiunto le uscite. Ciò è stata chiamata "parità". I politici hanno adottato questa idea non perché avessero compreso i termini della proposta di legge o avessero previsto i suoi effetti, ma perché la sua approvazione avrebbe garantito loro le preferenze a cui avevano dedicato la vita. La manna promessa ai contadini si è rivelata solo una promessa; dato che la maggior parte delle aziende agricole del Paese o sono di proprietà però con mutui ipotecari oppure sono gestite in base ad un accordo di locazione, una parte considerevole delle sovvenzioni va ai creditori ipotecari o ai proprietari reali; più importante, il prezzo artificiale che lo Stato fissa per le colture le mette fuori dal mercato mondiale mentre il mercato interno viene ristretto dal potere d'acquisto dei consumatori ridotto dalle tasse.

Come per tutte le sovvenzioni, alcune persone ottengono qualcosa in cambio di niente "dall'aiuto all'agricoltura", il resto della Società paga il conto, e l'utile netto è un aumento del potere Statale. La riforma, infatti, ha prodotto un gran numero di problemi imprevisti, ognuno dei quali ha chiesto una legge correttiva e maggiori funzionari pubblici, fino a quando infine il contadino d'America si ritrova controllato e regolamentato, e comunque oggetto di vessazioni da parte delle autorità. Il sogno della riforma preannuncia sempre un profitto per il Faraone.

Quando si riduce l'astrazione del "potere politico" alla sua realtà operativa, nel modo in cui funziona, vediamo come si nutre della riforma. Ogni proposta per migliorare la sorte dell'uomo mediante misure politiche richiede l'emanazione di una legge o di un editto ufficiale. La legge presuppone che alcune persone non stanno facendo ciò che dovrebbero fare o stanno facendo qualcosa che non dovrebbe essere fatto. Quindi, lo scopo della legge è di regolare il comportamento umano. La premessa stessa della legge è che la sua violazione o la sua elusione faranno seguito alla sua entrata in vigore; quindi, il cuore della legge è una clausola di punizione. Nessuna legge vale la carta su cui è stampata senza tale clausola, e nessuna legge ha alcun effetto se non è implementata da un corpo d'autorità. Qui sta il segreto dell'accumulo e della perpetuazione del potere politico.

La riforma di Giuseppe venne applicata da coloro che la Bibbia chiama "agenti" — compagni robusti che eseguivano i loro compiti con delle finalità. Se l'autorità è diffusa e altamente formalizzata, come in questo Paese, si ricorre all'arbitrio della forza solo quando falliscono i metodi più sottili di persuasione e di corruzione, metodi che richiedono i servizi di "funzionari" altamente qualificati, attualmente noti come burocrati.

I burocrati sono persone, non diverse delle persone che dirigono in base alla legge; anche loro sono propensi ad ottenere il massimo dalla vita con il minimo sforzo, ed anche loro regolano il loro modo di pensare in base ai mezzi a portata di mano. Essi sviluppano una particolare struttura professionale e mentale, una psicologia burocratica. È sui generis, o lo diventa dopo un periodo di assuefazione. La mente del burocrate può essere paragonata, senza intenzioni spiacevoli, alla mente criminale che prende forma dalle peculiarità del proprio mestiere. Come il criminale, il burocrate è avulso dalla disciplina del mercato, guadagnandosi da vivere non con la produzione ma con la predazione. Qui finisce la somiglianza, perché il commercio del burocrate è legalizzato e non soffre di disapprovazione sociale; infatti, poiché si presume che il burocrate sia un "funzionario pubblico", il suo mestiere acquista un'aura che né il ladro né il produttore può sperare di avere. Al burocrate piace il suo lavoro. Gli emolumenti possono essere o non essere tanto grandi come quelli che il mercato avrebbe pagato per tali servizi come quelli che lui può essere in grado di rendere alla Società, ma la gloria che viene accumulata da coloro che esercitano o rappresentano o hanno accesso al potere ha la sua importanza; la paga al suo ego non è da disprezzare. Ma il suo lavoro dipende dalla legge, non dalla produzione, e quindi la sua preoccupazione principale è la legge, la sua entrata in vigore, la sua perpetuazione, il suo allargamento. Più leggi ci sono, meglio è; che è un altro modo di dire che la sua mente è pienamente in sintonia con le possibilità di riforma. La proliferazione delle riforme vuol dire proliferazione di lavori burocratici, con una corrispondente abbondanza di onorificenze e di opportunità per gli ambiziosi. Così, si palesa un certo interesse nella riforma, sviluppando una distinta coscienza di classe e competenze necessarie per la sua perpetuazione ed il suo avanzamento.

La burocrazia è un'aristocrazia; è di vitale importanza per questa aristocrazia che una volta stabilite le cariche esse si perpetuino nel tempo, anche se l'occasione che le ha portate in essere è passata da molto tempo, e che quelle che non possono essere tenute in vita vengano sostituite da altre. L'interesse fa sì che il potere dello Stato non diminuisca.

A rigor di termini, le leggi sono fatte da monarchi e da legislatori. Fu il Faraone che proclamò la legge, non Giuseppe. Ma fu tramite il consiglio di Giuseppe che il Faraone agì. Nella nostra epoca "democratica", quando i parlamenti approvano le leggi, è il burocrate che le formula, che prepara gli argomenti a supporto (che imbocca i legislatori), che stima (o sottostima) i costi di funzionamento, che imposta gli strumenti (i posti di lavoro) per applicare le leggi. E quando una legge non risolve il problema per cui era stata approvata, ma produce problemi propri, è la burocrazia che approva le correzioni. Ideologicamente, la burocrazia è sempre "di sinistra" (se con questo termine si intende l'ampliamento del potere Statale), non tanto per convinzione ma per interesse personale e per psicologia del commercio. Un burocrate è un socialista, o comunista, perché la sua attività gli richiede di pensare come un socialista o un comunista.

Una volta che una legge entra nello statuto è al di là della competenza di chi l'ha approvata, i legislatori o il re, e diventa la speciale provincia privata di coloro che la mettono in atto. Quanto più numerose e prolisse sono le leggi, tanto più importanti ed auto-sufficienti sono gli specialisti che la mettono in atto. Nessun legislatore part-time (la cui principale preoccupazione è di essere eletto) o re (preoccupato dal godersi il momento) può districarsi nel labirinto delle leggi senza una guida. Così il vero corpo dirigente del Paese è la burocrazia, le cui prospettive si ampliano con ogni riforma che diventa legge.

I poteri interventisti dello Stato sono in proporzione diretta con le sue entrate; deve avere i mezzi con cui fare le cose. Ma l'evidenza visiva e l'attualità dei suoi poteri è la burocrazia, in modo che la sua dimensione sia una certa misura della grandezza di questi poteri. Per dirla in un altro modo, tutte le misure interventiste richiedono un'agenzia che le metta in atto, dal momento che non possono farlo da sole, e gli agenti di questa agenzia devono essere pagati — per non parlare del costo degli accessori necessari, come gli uffici e le attrezzature e gli edifici.

Per quale scopo lo Stato impiegherebbe le sue entrate, se non avesse una burocrazia da mantenere? Il che, in un certo senso, è una ridondanza, poiché la burocrazia è lo Stato. Le spese dello Stato sono le spese della burocrazia, proprio come i poteri dello Stato sono realizzati attraverso le funzioni della burocrazia.

È la dimensione e l'importanza di questa aristocrazia che attualizza lo Stato. Pertanto, quando questa aristocrazia avanza rivendicazioni sul fondo delle tasse, si sta semplicemente prendendo cura dei propri affari, e quando presenta una certa riforma che comporterà maggiori spese, agisce in modo abituale.

Una storia delle riforme in America dovrebbe dedicare la maggior parte delle sue pagine agli ultimi cento anni, e, se fosse realistica piuttosto che ideologica nella sua valutazione dei risultati, si concentrerà sulla crescita della burocrazia negli ultimi cinquant'anni. In principio, per esempio dal periodo della colonizzazione della Guerra Civile, la preoccupazione prepotente del popolo Americano era la produzione e l'accumulo; c'era poco interesse nella possibilità di migliorare la Società con mezzi politici.

La Rivoluzione difficilmente può essere classificata come una riforma, dal momento che venne stimolata dall'urgenza di limitare il potere politico, non di ingrandirlo; l'aspettativa dei rivoluzionari era la libertà, non favori dallo Stato, in modo da poter vivere meglio nel loro lavoro, nella produzione, nello spostamento, nel commercio, e nella ricerca della felicità. L'idea di utilizzare mezzi politici per migliorare le proprie condizioni difficilmente veniva presa in considerazione dai rivoluzionari perché c'era troppo poca produzione da confiscare. Le tasse erano basse e raccoglierle era difficile. Alcuni cittadini ed agenti inglesi godevano di quei pochi privilegi che la Corona conferiva loro, ma avevano poco valore in contanti e quindi suscitavano scarsa invidia. Le riforme, così com'erano, si limitavano alle pratiche morali e religiose, ma anche lì le autorità avevano scarso potere perché si poteva sfuggire ai loro interventi spostandosi nelle lande selvagge.

Dopo la Rivoluzione, il nuovo establishment politico iniziò a seminare la sua avena fatua, economicamente parlando. Dal momento che la Costituzione, e lo spirito del popolo, avevano al guinzaglio il potere di tassare, l'establishment aveva ben poco con cui espandere le sue prerogative; era troppo povero per attirare le riforme. Il meglio che poteva fare era dare via la vasta area inesplorata sulla quale aveva il controllo a fini di gioco d'azzardo, compresi i membri dello Stato. Alcune persone ci fecero una bella sommetta da questo omaggio, ma dato che c'era ancora un sacco di terra da occupare, usare, ed anche giocarci d'azzardo, la ricchezza così acquisita suscitava scarsa cupidigia e quindi nessun movimento di riforma; quando il bottino è abbondante e liberamente distribuito, il moralismo è fuori luogo.

L'unica riforma che ha mostrato la sua testa nei primi anni della Repubblica era l'urgenza di denaro a buon mercato.

Iniziò nel Massachusetts prima ancora che la Costituzione venisse ratificata, ed i suoi sostenitori formavano, naturalmente, la grande classe debitrice che sperava di ripagare i propri debiti con carta tipografica stampata. La storia della riforma del denaro, dalla Rebellion di Shays, attraverso la lotta di Jackson contro la Banca degli Stati Uniti, fino al periodo delle banche e dei selvaggi Greenbacker, culminò infine nel ripudio del gold standard da parte di Franklin D. Roosevelt e l'accettazione dell'inflazione come linea politica nazionale. Iniziò come un tentativo di sbarazzarsi dei debiti privati e finì con un progetto ambiguo di tassazione; cioè, la riforma andò a vantaggio dello Stato. Ed ora che lo Stato ha preso l'inflazione sotto la sua ala, la burocrazia che la "controlla" è un'istituzione molto occupata ed impiega migliaia di operatori, inclusi i dotti professori d'economia. Che i debitori abbiano ottenuto un soldo dalla loro amata riforma è discutibile. Un'altra riforma che incombeva nei primi giorni era l'agitazione sulle tariffe protettive, pro e contro. Non ne venne fuori nulla, tranne una Guerra Civile e tariffe più alte — ed un esercito considerevole di collezionisti, spioni ed "esperti" delle tariffe; cioè, una burocrazia. Il fatto che le industrie protette ebbero un record di fallimenti pari a quelli delle industrie non protette indica che i sostenitori di tariffe più alte non trassero molto profitto dalla loro riforma. Lo Stato sì.

Fu qualche anno dopo la Guerra Civile, quando tre secoli di sforzo produttivo diedero i suoi frutti con un aumento generale della ricchezza e del tempo libero, che la riforma divenne un grande interesse in questo Paese. Durante l'ultimo quarto del XIX secolo ci fu un cappello pieno di riforme da cui il cittadino avrebbe potuto fare la sua scelta, ed ognuna di esse ha avuto inizio con la premessa che il potere politico avrebbe potuto migliorare economicamente, socialmente, moralmente, e anche culturalmente la sorte dell'uomo.

C'era proibizionismo, suffragio femminile, elezione diretta dei senatori, libero conio dell'argento, sussidi agli agricoltori, estensione del sistema educativo, misure antitrust, controllo delle ferrovie, e chi più ne ha più ne metta. Nel complesso, la redistribuzione della ricchezza suscitò l'entusiasmo più violento, e la maggior parte delle riforme auspicate avevano tutte le caratteristiche dell'invidia. I non abbienti erano i ricchi. I riformatori non facevano alcuna distinzione tra fortune che erano state accumulate attraverso uno sforzo produttivo e fortune che avevano avuto origine da privilegi politicamente istituiti; infatti, le riforme non prendevano di mira l'abolizione dei privilegi speciali ma dovevano istituire più privilegi speciali per più gruppi. Il potere politico poteva rendere tutti ricchi.

Un esercizio promettente nelle scienze politiche sarebbe quello di seguire ogni riforma che è diventata legge fino alla sua conclusione finale; anche un esame sommario sostiene la teoria che tutte le riforme finiscono per aggiungere potere allo Stato, e che nessuna di esse raggiunge lo scopo che si aspettano i suoi sostenitori. Questo è certamente vero per l'imposta sul reddito, che dovrebbe essere chiamata la riforma delle riforme perché la sua realizzazione ha reso possibile uno stormo di riforme.

L'imposta sul reddito venne imposta durante la Guerra Civile e rimase in vigore per una mezza dozzina di anni al fine di ripulire i costi di tale vicenda. La sua abolizione venne vigorosamente contrastata da coloro che avevano gustato il sapore del sangue e la loro passione travolgente per questa tassa culminò infine nel Sedicesimo Emendamento. Era certamente una tassa di livellamento, c'era la presunzione che ciò che veniva preso dalle tasche dei ricchi in qualche modo sarebbe gocciolato nelle tasche dei poveri.

Ma lo Stato, come ci dice la storia, non si preoccupa della sorte dei poveri o dei ricchi, si preoccupa solo del proprio avanzamento. Questa opportunità di mettere le mani nelle tasche non poteva essere limitata a lungo, così da pochi divennero ovviamente tanti. Si comprese ben presto che tutte queste tasche contenevano collettivamente meno rispetto al bottino della busta paga nazionale, e quando questo fatto venne accertato lo Stato non ebbe più freni. Così la tassa "spenniamo i ricchi" divenne la tassa "spenniamo i poveri". La maggior parte delle entrate dello Stato americano deriva ora dai guadagni di coloro meno in grado di sopportarne il peso.

L'imposta sul reddito ha spalancato le porte della riforma. È interessante notare che, mentre nel XIX secolo la maggior parte delle riforme ha avuto origine nelle nozioni di elementi dissidenti nella popolazione, le riforme che sono diventate legge dopo l'introduzione dell'imposta sul reddito sono state istigate da burocrati. Avevano il denaro con cui soddisfare la loro passione per il potere. Certo, le idee delle riforme sembravano scaturire dalle università, dai negozi, e dalle organizzazioni, ma ci sono prove che dimostrano come si siano originate dalla fantasia del tornaconto personale, la cui propaganda ha fornito entusiasmo per la riforma conferendole un sapore popolare. E così venne il New Deal, che è il nome dato ad una serie di interventi denominati "legislazione sociale". Ognuna di queste misure ha richiesto l'istituzione di un altro organismo di esecuzione, più uffici, edifici e posti di lavoro. La burocrazia se la cavava bene da sola.

L'utile netto della riforma è l'accumulo di potere da parte dello Stato; la perdita netta è a carico della Società. Tra le riforme auspicate dai fratelli Gracco c'era quella del "panem et circenses".

Pericle istituì una serie di progetti per fare mercato e regnò per 30 anni, subdolamente ma con una mano di ferro. Bismarck era un riformatore. Mazzini fu il precursore inconsapevole di Mussolini. Lenin fu il massimo riformatore di tutti i tempi, nel senso che le sue riforme culminarono con la più grande, la più arbitraria, e la più spietata burocrazia che il mondo abbia mai conosciuto.

Capitolo 13: L'elargitore di carenze

Qualora lo Stato intervenga negli affari degli uomini, in particolare nei loro obiettivi economici, si viene a creare un ambiente a loro sfavorevole. Le conseguenze dell'intervento politico sono simili a quelle di un furto operato da una banda di rapinatori: la diminuzione delle cose grazie alle quali gli uomini sopravvivono. Stiamo parlando di conseguenze, non d'intenti. La banda di rapinatori non maschera affatto le sue intenzioni, mentre lo Stato le ricopre di una patina morale: la promozione del "benessere generale"; ma in entrambi i casi diminuisce la somma dei beni consumabili o strumentali. La Società ne ha di meno. Dal momento che il pilastro della struttura sociale è la continua lotta dell'uomo per evitare le carenze e raggiungere l'abbondanza, le conseguenze deleterie dell'intervento dello Stato lo etichettano come istituzione anti-sociale. Dev'essere considerato come una banda di rapinatori, e solo la ripetizione assillante dei suoi scopi presumibilmente morali, che vengono presi per buoni perché lo scetticismo su tali argomenti procura un certo disagio, impedisce alle persone di considerarlo come tale.

La prima voce sul programma dello Stato è la tassazione, semplicemente perché lo Stato non esisterebbe senza di essa. Una tassa è un'imposizione coercitiva; non si tratta di un pagamento volontario per aver ricevuto in cambio beni o servizi. Nei tempi antichi, prima che venisse offuscata da un sistema normativo, la natura delle tasse era meglio compresa, poiché consisteva nell'appropriazione di beni per cui il produttore aveva lavorato nella speranza di poterne godere: il suo grano, il suo bestiame, o altri suoi beni.

Tale comportamento rappresentava la prova concreta di come la tassazione genera carenze. Le cose non cambiano quando le tasse vengono pagate in denaro; si tratta sempre di qualcosa per cui il produttore ha lavorato nella speranza di poterne godere. Si tratta di scarpe, pane, intrattenimento.

La tassazione non solo priva il mercato di beni consumabili, i quali misurano lo stato di salute dell'economia di una nazione, ma riduce anche la capacità produttiva della Società assorbendone i risparmi, o il capitale. È ovvio che l'individuo non può risparmiare quello che non ha. E dal momento che i risparmi diventano investimenti in macchinari produttivi, la mancanza di risparmi si traduce in una carenza di quegli strumenti che rendono possibile l'abbondanza. Quindi la tassazione priva il consumatore delle sue soddisfazioni e diminuisce la possibilità di avere abbondanza nel futuro. In entrambi gli aspetti, la tassazione è un'istituzione che genera carenze, e questo non è quello che gli uomini hanno in mente quando si fondono per formare la Società.

I difensori dello Stato non contrasteranno questo fatto affermando che lo sforzo produttivo aumenterà all'aumentare della tassazione, poiché secondo loro l'attività dello Stato è economicamente vantaggiosa.

Ciò equivale a dire che le persone lavorano per pagare le tasse e che più sono alte le tasse più aumenterà la loro produttività. Se le cose stessero così, allora l'economia più ricca e prospera sarebbe quella in cui lo Stato confischerebbe tutto quello che verrebbe prodotto — obiettivo reclamato dal comunismo. Ciononostante le poche cifre riguardanti la produzione rilasciate dai Paesi comunisti raffigurano economie amanti la scarsità.

E gli storici ci dicono che le esazioni fiscali continue e progressive da parte degli imperatori romani generarono una mancanza d'interesse nella produzione imprenditoriale, cosicché il flusso netto delle tasse diminuì e gli imperatori finirono per confiscare, conquistare e derubare per riempire le loro casse; quando la guerra si dimostrò svantaggiosa e la produzione non rendeva abbastanza per pagare le spese, lo Stato cadde a pezzi. La tesi degli Statisti si basa sulle cifre della produzione di questo Paese, le quali mostrano che l'aumento della pressione fiscale è stato accompagnato da un aumento della produzione. Ma questa è una coincidenza, facilmente spiegabile, e non una connessione causa/effetto. Indica che la pressione fiscale americana non ha ancora raggiunto il punto dei rendimenti decrescenti. I due terzi dei guadagni che gli americani possono trattenere, equivale ancora ad uno stimolo per conservare e migliorare i propri standard di vita. Una persona lavorerà duro per riparare ai danni causati da una tempesta, o per recuperare quello che un ladro ha rubato dalla sua cassaforte, ma questo non significa che la tempesta o il ladro migliorino l'economia. Ciò che perde a causa di un incidente o di un furto resta sempre una perdita, non un guadagno. L'elemento motore della produttività non è rappresentato dalle tasse, ma dall'incentivo interiore dell'individuo a migliorare la propria condizione. Ma a parte ciò, lo Stato non garantisce dei servizi che indirettamente aiutano nell'attività produttiva? Inoltre tra i servizi che lo Stato sostiene di fornire alla Società, c'è quello di difesa contro la predazione di altri Stati. Questo rappresenta un servizio non indifferente. Nei tempi passati, quando la politica morale aveva presupposti diversi, lo Stato dichiarava guerra con lo scopo di acquisire gloria mediante la presa di immobili, per non parlare del presupposto di portare la civiltà tra i barbari; l'ambizione di Napoleone era quella d'imporre alle sue vittime la benedizione della "libertà", della "fraternità" e della "uguaglianza".

Questo modo di pensare è andato fuori moda oggi; le guerre non vengono combattute per proteggere la nazione dall'aggressore, appellativo che entrambe le parti usano riferendosi l'un l'altra. Tuttavia è ancora di rigore per lo Stato trionfatore sottrarre territorio sfruttabile ai conquistati. Ma la nostra analisi non riguarda gli scopi della guerra, né le cause, e nemmeno la sua inutilità; ciò che ci interessa è l'effetto sull'economia della Società. La casalinga si ritrova maggiori risorse, o meno, come risultato dell'avventura gloriosa? La Società si ritroverà carenze o abbondanze? Qual è il profitto economico che scaturisce dalla protezione militare dello Stato? Mettendo da parte queste considerazioni economiche, c'è il fatto insindacabile che ignorare l'affronto di uno straniero va contro la tradizione. Finché non trova un accordo fino all'ultimo dettaglio, nessun sassone guiderebbe un camion per un padrone normanno, e gli indiani si sono sempre risentiti del raj inglese. È questo rifiuto del governo degli stranieri che facilita una rivolta contro uno Stato così composto rispetto ad uno autoctono. Tutto sommato, però, gli indiani stanno meglio dal punto di vista economico sotto il loro Stato rispetto a quando erano gli inglesi a governare? Ed i canadesi, che non hanno emulato gli americani nel liberarsi dalla corona inglese, godono nondimeno di uno eguale standard di vita. Questo per dire che nonostante la nazionalità dello Stato, la Società deve cavarsela utilizzando il classico processo di trasformazione delle materie prime, e la presunta protezione dello Stato non promuove né facilita tale processo. Dal momento che la Società pone grande valore all'indipendenza da uno Stato estero, non dovrebbe denigrare il costo di mantenere questa indipendenza. Uno dovrebbe pagare per quello che vuole. Tuttavia quando esaminiamo il metodo più approvato nel finanziare la guerra, scopriamo che si basa sulla generale riluttanza a pagare il conto.

Ogni guerra viene combattuta con la produzione presente —
non c'è modo di sparare con fucili che ancora non sono stati
costruiti, o nutrire soldati con cibo che non è stato prodotto —
ed ogni guerra viene condotta su una base "combatti e paga".
Ma i produttori pongono un valore più basso sulla guerra
rispetto a coloro che la dichiarano, poiché essi richiedono il
pagamento di ciò che viene preso loro per continuare lo sforzo
bellico; pagamenti che diventano rivendicazioni sulla
produzione futura, non solo a valore nominale ma anche con
l'interesse richiesto dal patriottismo; è possibile che se lo Stato
aumenti tutti i costi della guerra mediante le tasse, non
emettendo obbligazioni e neanche obbligazioni non fruttifere,
la guerra potrebbe finire con una sua resa, prova ultima che la
Società pone poco valore sugli scopi politici della guerra. La
conseguenza economica del metodo più approvato nel
finanziare le guerre è che appone un prelievo sulla produzione
futura della nazione, e tale prelievo è quasi sempre permanente.
Cioè, in futuro, o finché lo Stato riesce a finanziarsi, i
portafogli dei contribuenti devono contribuire al costo delle
guerre "protettive" del passato. Ma la guerra, e la sua relativa
preparazione, chiede un tributo che non ha niente a che fare
con la protezione ed è un carico che grava progressivamente
sulla Società che cerca un modo per migliorare le proprie
condizioni: il potere che lo Stato acquisisce durante la guerra e
non molla quando è finita. Quando il nemico è ai confini della
nazione, o c'è una paura diffusa che possa attaccare, l'individuo
abbandona la sua auto-determinazione ed ubbidisce
servizievolmente agli ordini del capitano; cede la sua libertà
per guadagnare la libertà. O almeno lui la pensa così. Ma è più
che provato dalla storia ormai che ciò che cede non gli verrà
mai restituito in toto; deve combattere il proprio capitano se
vorrà indietro la sua eredità naturale. Lo Stato custodisce
gelosamente il potere sulla Società che ha acquisito durante un
clima di paura.

Per provare questo fatto, non dobbiamo far altro che guardare alla storia dell'antica Roma, dove una successione di guerre protettive è finita in una servitù del popolo nei confronti dell'imperatore; per non parlare dei poteri interventisti acquisiti dallo Stato americano durante le guerre che ha combattuto; la somma è un gigantesco carico fiscale, una burocrazia gigantesca, un complesso ed intricato sistema statutario, e la convinzione popolare che lo Stato (temuto e disprezzato nel 1789) è l'elargitore di tutti i beni di questo mondo. Quindi il servizio di "protezione" fornito dallo Stato non solo viene pagato con le tasse, ma anche con la sottomissione. Di conseguenza la Società diviene più povera. È quando lo Stato cerca di gestire, regolamentare o controllare il mercato, o presume d'entrarvi in veste d'imprenditore, che la sua capacità di creare carenze si manifesta completamente. Lo Stato s'avventura in determinate situazioni che l'unico strumento a cui può far riferimento è la forza. Non ha altre risorse. Non che la burocrazia, se investita nel tessuto produttivo del ruolo di individuo, possa fare meglio di altri individui con le stesse capacità, solo che la burocrazia non si sente di soddisfare le condizioni del mercato; può contare sulla coercizione e il suo primo pensiero è usare tale coercizione. E quest'ultima, in senso politico, equivale a sabbia negli ingranaggi per il mercato. Prendiamo in considerazione un paio di interventi dello Stato nel mercato che suole intraprendere nel cosiddetto "interesse generale". L'incoraggiamento del settore industriale autoctono attraverso la limitazione o l'esclusione delle importazioni è stata una procedura standard dello Stato da tempo immemore. Gli oggetti degli stranieri vengono esportati all'estero non perché essi vengono offerti, bensì perché vengono domandati. Un Paese importa solo quello che vuole. Di conseguenza il dazio ha l'effetto di limitare la necessità primordiale dell'essere umano — soddisfare i suoi desideri col minimo sforzo e al massimo dell'efficienza.

140

Lo fa a causa della scarsità, la condizione che l'uomo cerca istintivamente d'evitare. Questa non solo è il risultato del dazio, è lo scopo stesso del dazio. È uno strumento che produce intrinsecamente scarsità, ed in quanto tale è anti-sociale. Ciò è sottolineato dal mercato di cui gode il contrabbandiere, figura che emerge sempre non appena vengono introdotti dazi. Lo Stato, in particolare nei tempi moderni, spesso ricopre un ruolo imprenditoriale "per il bene della Società". Quando accade ciò fa ricorso sempre al suo monopolio della violenza per escludere la concorrenza nel campo in cui si propone, o come minimo gli mette i bastoni tra le ruote. Impone la sua incompetenza — la sua mancanza di attrezzature se non per l'acquisizione o l'esercizio del potere — rimuovendo il paragone con la performance degli imprenditori privati. Aggiusta i suoi prezzi ed i suoi standard per soddisfare le sue di esigenze e non lascia spazio alla volontà del consumatore. Infatti, come accade con l'ufficio postale, lo Stato costringe coloro che non sono consumatori in quel campo a pagare per la sua esistenza; coloro che non mandano o ricevono una lettera sono forzati a sopperire attraverso le tasse alle perdite delle Poste. Queste perdite, passività, sono la prova lampante dell'inadeguatezza delle Poste, che lo Stato si sforza di far sopravvivere dichiarando che quelle passività rappresentano più servizi di quelli che paga il cliente dell'ufficio postale. Che le cose stiano così o meno, solo la concorrenza potrebbe dircelo, ed è qualcosa che lo Stato non permette. In base a queste circostanze, è abbastanza sicuro concludere che ogni qual volta che lo Stato intende produrre beni o rendere un servizio per il quale esiste una domanda, lo fa senza riguardo alcuno per i desideri del consumatore. Che ciò faccia emergere carenze può essere accertato facendo il paragone con i servizi forniti dal settore privato negli stessi campi (come, per esempio, il servizio di telefonia e quello delle Poste). Creare carenze è un disservizio sociale.

141

La tendenza dello Stato a far emergere carenze è meglio descritta quando tenta di regolamentare, gestire, o manipolare il mercato. L'occasione migliore per farlo è il disordine sociale a causa di scarsità causate o dalle misure d'intervento stesse dello Stato o da qualche disastro, come la siccità, un uragano, o un incendio. Dal momento che la scarsità causa aumenti di prezzo, a svantaggio del consumatore, lo Stato, il quale è totalmente incapace di produrre l'abbondanza che potrebbe ridurre il prezzo, ricorre ai propri poteri coercitivi per raggiungere tale scopo. Fallisce sempre; inoltre le misure che mette in campo causano inevitabilmente carenze di ordine superiore. Un esempio di ciò è il tentativo stupido di controllare o manipolare gli affitti.

Il costo incrementale dello spazio per vivere è causato da una carenza di case. Mettendo da parte la distruzione casuale delle case, la carenza generalmente nasce dalla deviazione di materiali e lavoro dalla costruzione di case alla produzione di materiale militare. Non vengono erette nuove abitazioni e non vengono demolite quelle vecchie. In base a queste condizioni l'azione del mercato è quella di fare salire i prezzi dello spazio ad un livello a cui alcuni residenti non saranno in grado di permetterselo, mentre altri saranno costretti a rinunciare a qualcosa pur di porre un tetto sopra la loro testa. Ciò causa insoddisfazione, cosa che lo Stato s'impegna a lenire ordinando perentoriamente ai proprietari di case di tenere gli affitti ad una certa cifra; ciò distoglie l'attenzione dalla causa reale, denunciando i proprietari di case per la loro cupidigia. Dal momento che gli affitti sono fissati per legge, sono invariabilmente più bassi rispetto al costo di conservare le proprietà, infatti è come se lo Stato imponesse al proprietario di mettere mano al portafoglio per compensare la differenza. Ciò significa costringerlo a regalare il proprio capitale all'affittuario.

Per evitare questa conseguenza, e rimanere nei limiti della legge, taglia il servizio implicito nell'affitto così come le riparazioni necessarie per la conservazione della sua proprietà. Presumendo che non ci sia collusione tra l'affittuario ed il proprietario per quanto riguarda infrangere la legge, l'affittuario paga meno per il suo spazio rispetto al prezzo di mercato, ciononostante ottiene meno cose: meno riscaldamento, meno riverniciature, meno riparazioni idrauliche, meno pulizie, meno servizi di ascensori, e così via. Quindi gli affitti sono controllati solo sulla carta. I controlli degli affitti hanno il solo effetto di far acuire la carenza di case. I costruttori sono riluttanti nell'investire il loro capitale nella costruzione di case poiché, a causa dei controlli, non frutteranno un ritorno adeguato per compensare i costi o adeguato a quello che renderebbe un investimento simile in un altro settore.

È un fatto noto che poche case, molte di meno di quelle necessarie, sono state costruite in Francia sin dal momento in cui ha istituito un rigido controllo dei prezzi dopo la prima guerra mondiale. Cioè, l'incursione dello Stato nel mercato, nell'interesse del "benessere pubblico", va enormemente a svantaggio della Società. L'ingenuità dello Stato nel trarre vantaggio da ogni possibilità di promuovere la sua agenda, ovvero, l'accumulo del potere, è illustrata dal modo in cui l'establishment politico americano trattò la scarsità aggravata dalla sua campagna di controllo degli affitti.

Osservando che il controllo degli affitti non aveva controllato alcunché, anzi aveva peggiorato la carenza di case, ed essendo riluttanti ad ammettere il loro errore, aggiunsero ai controlli alcuni sussidi. Sovvenzionarono i costruttori, sovvenzionarono i banchieri che concedevano prestiti ai costruttori e sovvenzionarono coloro che affittavano case.

I costruttori sopravvalutarono i progetti immobiliari che avrebbero intrapreso, i banchieri concessero più prestiti di quelli che avrebbero concesso in mancanza dei sussidi (che lo Stato garantì di pagare in caso di default), e gli imprenditori ricevettero ciò che avrebbero perso se fossero dipesi dai pagamenti in base al controllo degli affitti. La differenza tra gli affitti di mercato e quelli decretati per legge venne compensata dalle tasse. Una conseguenza di questa manovra fu di apporre sulla schiena dei contribuenti un carico fiscale persistente; un'altra, e questa è la più importante dal punto di vista dello Stato, fu l'istituzione di una burocrazia permanente per gestire i problemi causati dai sussidi al settore immobiliare: la valutazione della concessione dei prestiti, la supervisione degli standard di costruzione, la valutazione degli ammortamenti e dei pagamenti degli interessi, l'imposizione di regole e regolamenti per gli affittanti sovvenzionati. Per non parlare degli sfratti. La Società si ritrovò le tasse e lo Stato si ritrovò il potere. Ciò è vero ogni qual volta presuppone di regolamentare il mercato. I controlli degli affitti sono un fatto esemplificativo. I controlli dei prezzi di qualsiasi tipo producono scarsità, e pertanto fanno salire i prezzi ancora più in alto semplicemente perché il prezzo artificiale scoraggia la produzione dell'abbondanza che avrebbe automaticamente ridotto i prezzi; i controlli dei prezzi hanno lo stesso effetto sulla produzione di una fabbrica, poiché il salario di sussistenza equivale ad un salario di uno schiavo. E in un'economia interconnessa, dove ogni campo specializzato incide ed è dipendente da altri campi, il tentativo di manipolare il prezzo di una merce costringe per forza di cose a manipolarne un altro; il prezzo fisso di una tazza di caffè necessita il controllo del prezzo del latte, dello zucchero, dei chicchi di caffè, del trasporto e di tutti i servizi coinvolti nel portare la bevanda al consumatore. Anche i salari, l'elemento più significativo dei costi, devono essere inclusi nella categoria della rigidità.

144

È ovvio che lo sforzo di regolamentare la distribuzione debba essere seguito da un tentativo di regolamentare la produzione, l'allocazione delle materie prime, l'aggiustamento degli standard della produzione, la limitazione della varietà — le carenze. Un'economia non può rimanere a lungo metà libera e metà socialista. Non appena la Società si aggiusta all'intrusione statale e l'accetta come una condizione necessaria dell'esistenza, la scarsità risultante richiede un'altra interferenza, cosa che è facilmente introducibile a causa dell'intrusione precedente. Cosa intendiamo nello specifico per prezzo, salario, affitto, interesse? Questi meccanismi del mercato funzionano da soli e si auto-controllano, senza la necessità che gli attori di mercato se ne preoccupino. Essi riflettono ciò che fanno gli esseri umani; i prezzi salgono se gli esseri umani producono meno e richiedono più beni; scendono quando gli esseri umani producono di più e consumano di meno; ciò accade automaticamente e nonostante le normative. Non possono essere controllati dal potere politico, e lo Stato conferma questo punto quando include nella legge dei controlli dei prezzi una sanzione. Quest'ultima non è diretta al prezzo in questione, ma alle persone. Questo è l'unico campo in cui lo Stato ha una qualche competenza — la regolamentazione del comportamento umano mediante l'uso della coercizione. Il controllo dei prezzi costringe il consumatore a non pagare di più rispetto a ciò che dice la legge e costringe il produttore a non accettare di più. Se uno dei due disobbedisce, o entrambi, scatterà la sanzione. Quindi il controllo dei prezzi non ha come obiettivo il "controllo dei prezzi" in quanto tale, cosa che va oltre i poteri dello Stato, bensì il controllo del comportamento umano. E ciò, ovviamente, significa negare la libertà — cosa che non tange minimamente lo Stato.

Capitolo 14: *Una questione di grado*

Lo Stato piccolo può fare alla Società le stesse cose che può fare uno Stato di grandi dimensioni, ma non così tanto. La tirannia e il terrorismo dei moderni signori comunisti è di un tipo che ricorda le pratiche di Sparta, e venticinque secoli prima che Roosevelt lanciasse il New Deal, Pericle aveva qualcosa che gli rassomigliava. Sparta ed Atene erano aggregazioni di piccole dimensioni, rispetto alle loro controparti moderne, e quindi c'erano meno persone da guidare; inoltre, visto che erano meno produttive, per i burocrati c'erano meno cose su cui mettere le mani.

Ma il modello di intervento e di confisca era lo stesso. Uno Stato è uno Stato, ora come in passato, indipendentemente dalle dimensioni della sua vittima, ed a prescindere dall'ideologia interessata dalla sua gestione. È sempre in guerra con la Società.

La storia delle nostre divisioni politiche — Stati e città — è ben sporca di casi di "corruzione". I nostri titoli dei giornali e la nostra campagna oratoria testimoniano periodicamente la persistenza di pratiche predatorie da parte della politica, anche nelle nostre piccole comunità. "Escludete i mascalzoni" è il grido di battaglia standard nella nostra gara di pesca per le preferenze politiche, indicando che la furfanteria è all'ordine del giorno. Ma, quando si scava fino in fondo alla furfanteria, troviamo una legge interventista inaugurata con colate di morale di fustagno. È la legge stessa che stimola la cupidigia del funzionario e del suo complice privato.

Il poliziotto non avrebbe rubato una banana dal carretto del venditore ambulante se non ci fosse stata una legge che disciplinava l'attività dell'ambulante, e gli schemi per evadere le tasse, quali la corruzione, sono l'inevitabile conseguenza della tassazione. L'interventismo è lo stock in commercio di ogni istituzione politica, e la "corruzione" è il suo corollario.

Come esempio illustrativo, su una scala piuttosto grandiosa, c'è la metropolitana di New York. In origine questa ferrovia venne costruita da imprenditori sotto una concessione rilasciata dai "padri della città". Come condizione per la concessione, la tariffa venne fissata a cinque centesimi. Per un po' tutto andò bene; la Società forniva un servizio adeguato e pagava i suoi debiti, compresi gli interessi sul suo debito obbligazionario. Mentre la città attirava nella sua orbita sempre più comunità circostanti, la Società ampliò il suo chilometraggio, come richiesto, e in poco tempo la tariffa di pochi nichel non soddisfò più i costi operativi. La Società chiese il permesso di aumentare la sua tariffa. I politici, benefattori delle persone, rifiutarono la richiesta e la "tariffa di pochi nichel" divenne un grande tema nella campagna elettorale. Fin dall'inizio c'era chi sosteneva a gran voce il possesso pubblico e la relativa gestione, definendo la concessione come un "regalo", ma vennero zittiti come socialisti; gli obbligazionisti erano i più rumorosi in questa denuncia. Ma, quando la Società andò in default per il pagamento degli interessi, e le obbligazioni di conseguenza si ridussero in termini di valore, furono gli obbligazionisti che chiesero alla città di rilevare la loro quota; non avevano alcuna obiezione al socialismo se era coinvolto un profitto. Alla fine, una "riforma" dell'amministrazione, guidata da un sindaco di marcata persuasione socialista, predispose l'acquisto delle obbligazioni ad un prezzo di gran lunga al di là della quotazione di mercato. I contribuenti, come al solito, pagarono il conto.

Poco dopo la metropolitana venne "tolta dalla politica", nel senso che il prezzo venne portato a dieci e poi a quindici centesimi, ed i deficit sono ancora all'ordine del giorno. La metropolitana è ora un monopolio posseduto dalla città, gestito da burocrati, il cui principale interesse è la perpetuazione dei loro lavori, non il campo ferroviario.

Non c'è "corruzione" evidente in questa operazione, ma è noto che gli speculatori avevano un vivo interesse per le obbligazioni quando i prezzi scesero a meno della valutazione fisica della proprietà, e che le vendettero alla città per un bel profitto; anche se nessun funzionario pubblico venne coinvolto in questo pezzo di attività (che è come presumere che i funzionari sono più che umani), il fatto è che questa impresa nel campo ferroviario pubblico costrinse i cittadini a finanziare l'acquisizione, e continua a costringerli a coprire le perdite operative. Venne fatto dall'establishment di una città, non da quello nazionale. Infatti, la città di New York ha stabilito un modello per la nazionalizzazione delle ferrovie nel Paese: un organismo di regolamentazione, con il potere di fissare i prezzi e costringere la continuazione di un'operazione non proficua, spinge l'azienda verso il fallimento, in modo che i proprietari siano molto disposti a vendere la loro proprietà ai contribuenti, e la burocrazia migliora la propria posizione.

Prendiamo in esame un altro caso. È impossibile che in una piccola cittadina venga istituito un dipartimento di "pesi e misure"; il potere sociale presto manda in rovina il mercante disonesto, se non addirittura fuori dalla comunità. In una città come New York è presente lo stesso potere sociale, ma non si fa sentire con lo stesso vigore a causa della moltitudine di possibili vittime. Diverse lamentele spingono il politico sagace a denunciare un "problema", ed ecco che spuntano fuori una legge ed un dipartimento statale di "pesi e misure".

Tuttavia il dipartimento statale presto s'accorge d'essere a corto di lavoro; è in competizione con il potere sociale, il quale è di gran lunga più efficiente della polizia nel sanzionare pratiche disoneste. Ma un corpo ufficiale non è mai scoraggiato dalla mancanza di qualcosa da fare; la sua capacità di far emergere problemi da risolvere è limitata solo dai finanziamenti a sua disposizione, ed i finanziamenti sono proporzionali alla grandezza ed alla produttività dei contribuenti. Quindi il dipartimento di "pesi e misure" germoglia in un corpo investigativo, col potere di ficcare il naso nella negligenza di altri corpi politici e guadagnare prestigio denunciando qualche vigile del fuoco che svolge un secondo lavoro (contro la legge), o denunciando alcune prostitute che la polizia aveva lasciato in pace. Finire sui titoli dei giornali, poi, serve al dipartimento per ottenere credibilità e giustificare i propri costi. Questi due esempi di burocrazia ed interventismo politico nella più grande città di questo Paese possono essere traslati, sebbene non in una scala così grande, ad ogni altra città. Laddove le opportunità sono più ghiotte, i politici diventano più affamati. Pertanto ne consegue che più è piccola la comunità, più è possibile confinare i funzionari pubblici ai loro doveri legittimi, ovvero, mantenere la pace e dispensare giustizia. Al contrario, più è grande il complesso politico, più ci saranno opportunità per esercitare ed abusare del potere politico. Nel caso limite si potrebbe addirittura ridurre questo fatto della scienza politica ad una formula matematica. Più importante, però, è la ragione dietro questo fatto.

Il potere sociale diminuisce all'aumentare del potere politico, e quest'ultimo si espande proporzionalmente alla grandezza e alla ricchezza della comunità su cui è stata imposta l'autorità legale. In altre parole, più viene allentata la portata di coloro il cui comportamento bisogna controllare, più vengono allentati i vincoli sociali sulla tendenza politica.

149

Questo perché siamo esseri umani; il nostro lavoro non ci libera dagli istinti e dalle motivazioni alla base della nostra natura. In una piccola comunità il principe o il senatore o lo sceriffo, si trovano sotto la costante sorveglianza dei vicini, e la loro opinione nei confronti del suo comportamento ha ripercussioni reali; il desiderio di conservare la loro stima o la paura di una loro punizione li costringe a rimanere nel recinto delle azioni ufficiali.

Queste categorie devono vivere con tutte le altre, proprio come un mercante deve vivere coi suoi clienti, e l'ostracismo sociale è un prezzo troppo alto da pagare per piegarsi alla passione per il potere che suddette posizioni generano. Al crescere della comunità, diminuisce l'influenza del vicinato. Gli affari pubblici diventano troppo complessi per coloro preoccupati solamente di tirare a campare, ed il loro interesse per tali affari sbiadisce di conseguenza; solo quando vengono toccati personalmente dalle questioni politiche, allora se ne preoccupano. In base a tali circostanze, il politico è pressoché libero di agire come vuole. Un'altra ragione per cui il potere sociale s'attenua, è la frantumazione della sua omogeneità all'aumentare della popolazione; gli interessi di gruppo sostituiscono l'interesse comune ed il politico si ritrova sotto una molteplicità di pressioni.

Quest'ultimo viene messo nella condizione di acquisire potere dalle dichiarazioni e le ambizioni di varie fazioni, ognuna delle quali è disposta a barattare il bene comune per il vantaggio personale. La logica della situazione lo obbliga ad appoggiarsi a quelle fazioni che, a causa della loro predominanza numerica o economica, sono le più promettenti per quanto riguarda la sua volontà di accumulare potere. I gruppi di pressione, piuttosto che imporre sanzioni sociali, tracciano il suo percorso ed il suo problema è la scelta degli alleati.

Così quando il re incontrava forti opposizioni dai baroni feudali, s'alleava, per un periodo di tempo limitato, con il proletariato delle città; e di questi tempi è comune procedura politica che il candidato perori la causa degli agricoltori contro la popolazione urbana, o che corteggi i salariati promettendo di depredare i capitalisti, o di formare alleanze con gruppi etnici, economici, sociali e perfino criminali per ottenere voti. La sua emancipazione dalle sanzioni sociali della comunità piccola lo rende un ricercatore del potere. La sua attività non può fiorire senza risorse, e queste ultime sono determinate da quello che può estrarre dai produttori. Nelle comunità piccole i produttori, essendo relativamente pochi, possono scrutinare meticolosamente le sue spese ed opporsi alle tasse. Nelle comunità più grandi, in cui esistono anche vari gruppi di pressione, questa sorveglianza tende a scomparire; le persone sono troppo occupate a badare ai loro affari privati per prestare attenzione alla complessità degli affari pubblici. La tendenza quindi è di identificare gli affari pubblici che più interessano loro, o che più interessano al gruppo cui aderiscono. Sotto queste circostanze il politico è in grado di presentare un programma convincente che chiama "necessità di servizi per la Società", ma che sotto un attento scrutinio rappresenta solamente una lista di spese grazie alla quale una serie di gruppi dominanti o individui nella comunità sperano di migliorare la loro condizione personale. L'opposizione alle spese e alle tasse è quindi indebolita, e le sue opportunità migliorano.

Ogni budget è un compromesso di interessi. Ogni legge sulle tasse, anche nelle città più piccole, contiene una promessa di riscuotere una somma sempre più consistente da un gruppo di cittadini rispetto ad un altro, con l'intenzione implicita di favorire parte della cittadinanza a spesa di un'altra.

Nella retorica della politica non esiste discorso più convincente di quello riguardante la "capacità di pagare"; è convincente perché tocca il peccato dell'avarizia, facendo appello all'invidia e alla gelosia. L'insinuazione della cosiddetta "capacità di pagare" è che il "povero" ci guadagnerà qualcosa se sarà in grado di "spennare il ricco"; ma è una questione opinabile se sia la speranza di guadagnarci qualcosa o la possibilità di portare i ricchi al suo livello che rende la "capacità di pagare" così accettabile agli occhi del "povero". Il concetto di lotta di classe è uno degli strumenti più convenienti per lo Stato. Alla fine solo l'establishment politico trae vantaggio dalla riscossione delle tasse; le sue attività prosperano, mentre le attività della Società, la produzione di beni e la disponibilità dei servizi, rallentano in base alla grandezza della pressione fiscale.

L'apice delle aspirazioni politiche viene raggiunto quando le entrate emancipano il politico dai vincoli delle sanzioni sociali. Avendo i mezzi necessari per operare nella sua sfera, può ergersi al di sopra della Società e ricoprire il ruolo di Statista; cioè, può vantare la capacità di migliorare il "bene comune", almeno secondo lui, emancipato dalle limitazioni e dalle fissazioni di coloro che devono pagare il conto. La sua indipendenza dal resto dell'ambiente economico veicola la convinzione che egli abbia acquisito una coscienza costituita da aspirazioni collettive, di gran lunga superiore alla somma delle singole aspirazioni di un Tom, un Dick, o un Harry; solo lui sa cosa è meglio per gli altri. Vive in un mondo tutto suo, in cui Tom, Dick e Harry rappresentano solo dei mezzi, e non persone. Le sanzioni sociali diminuiscono in importanza all'aumentare della tassazione.

E la tassazione aumenta all'aumentare della popolazione e della produzione.

L'incidenza della tassazione nelle nostre città è l'esempio lampante; all'inizio il valore degli immobili era quello maggiormente colpito; adesso, nelle città più grandi, le tasse sulle vendite, le tasse sui salari, le tasse pro-capite, le tasse di soggiorno, le tasse sugli alcolici ed una varietà di autorizzazioni, gabelle e licenze vengono incluse nella struttura fiscale. Ogni imposta viene giustificata da "spese statali necessarie", nonostante la decisione della loro necessità ricada sulla burocrazia. Molto spesso la ragione per cui è stata approvata un'imposta sparisce, ma la tassa stessa no; come quando gli interessi sulle obbligazioni sovrane continuano ad essere un fardello sulla comunità, nonostante la strada o la scuola che servivano a finanziare sono infine realizzate.

È così che acquista significato la necessità storica per la centralizzazione del potere da parte dell'establishment politico man mano che le città di espandono e le nazioni vengono create, tenendo conto anche delle spedizioni imperialistiche. Più è ampia l'area che deve essere controllata, più sarà debole la resistenza delle pressioni sociali; più sarà grande la popolazione da tenere sotto controllo, più i contribuenti saranno costretti a contribuire alle casse politiche. La centralizzazione significa istituire una distanza protettiva tra lo Stato e la Società, ovvero, l'emancipazione dello Stato dalle sanzioni sociali. In un villaggio la cittadinanza ha un'influenza immediata sul comportamento della politica; quando il villaggio viene inglobato nella Città di Chicago, questa influenza tende a scomparire, in particolare il suo impatto sulla tassazione. Comprendere i pericoli della centralizzazione, dell'emancipazione del potere politico dal controllo sociale, ha dato i natali al costituzionalismo. Una costituzione s'impegna a definire lo scopo del potere politico, a delimitare le funzioni dello Stato nel suo supporto pubblico.

Sebbene abbia tutti gli aspetti di un accordo contrattuale, nessuno Stato ha mai adempiuto ai propri obblighi; la sua brama intrinseca per quanto riguarda l'acquisizione del potere non può essere scongiurata per legge. Il migliore esempio di ciò è la storia della Costituzione Americana.

Espone inizialmente la consuetudine che uno Stato è intrinsecamente incapace di contenere la sua brama di potere, e coloro che l'hanno scritta non solo definirono lo scopo del nuovo Stato ma dispiegarono anche un "sistema di controllo" che avrebbe presumibilmente dovuto tenere a freno suddetta bramosia.

Dichiarava che tutti i poteri non elencati sarebbero rimasti nelle mani dei singoli Stati — una chiara comprensione del fatto storico che il potere politico è meno virulento quanto coloro che lo detengono sono vicini a chi li deve controllare. Questa idea dei diritti degli Stati, della divisione dell'autorità, era intesa per bloccare la centralizzazione.

Inoltre aveva l'effetto d'imbastire una sorta di concorrenza tra gli Stati, cosicché se un establishment politico avesse voluto estromettere i propri cittadini dal processo decisionale, uno sarebbe potuto scappare varcando il confine di Stato e andandosene in un altro. Oltre a questi "controlli e contrappesi" e alla dottrina dell'*imperium in imperio*, la formidabile barriera contro la centralizzazione poteva annoverare tra le proprie fila un'autorità circoscritta d'imporre le tasse. Nonostante tutto ciò, lo Stato americano è stato capace di eludere i termini dell'accordo stilati nel 1789; attraverso l'interpretazione legale e gli emendamenti è riuscito a raggiungere la centralizzazione così come ci è riuscito qualsiasi altro establishment con la forza.

Quando paragoniamo l'intento dei "padri fondatori" — e prendiamo in considerazione le relative pressioni sociali — con lo stato attuale degli affari politici, possiamo affermare che la costituzione originale è stata sostituita da qualcosa di diverso. In sostanza l'intento era quello di fornire una forma di istituzione politica che avrebbe lasciato inviolata l'immunità degli individui, della proprietà e della mente. L'immunità degli individui è andata a farsi benedire quando è stata istituita la coscrizione militare come politica nazionale, e quest'ultima era intesa come un obbligo di usare le truppe nelle guerre in territori esteri; ciò non era contemplato nel 1789. L'immunità della proprietà è stata abolita dal Sedicesimo Emendamento, che, affermando il primo vincolo dello Stato sui profitti dei cittadini, nega loro il diritto alla proprietà privata; con questo diritto che andava perso, quello alla vita l'avrebbe seguito a ruota. L'immunità della mente è stata violata da mezzi più subdoli ma non meno efficaci, messi in piedi dai proventi dell'imposta sul reddito: mediante l'istituzione di una gigantesca macchina di propaganda affinché le menti delle persone fossero indotte a giustificare le azioni dello Stato, inclusa la distorsione dei fatti concernenti le sue operazioni; mediante sussidi e favori alla stampa e alle opere in grado d'influenzare l'opinione pubblica; mediante il sovvenzionamento delle scuole e degli insegnanti.

Se la costituzione redatta nel 1789 non è stata in grado di contenere la tendenza dell'establishment federale a catturare sempre più potere, è ragionevole concludere che nessun corpo di leggi possa raggiungere tale scopo. La chiave per comprendere la centralizzazione, il consolidamento della conquista, è la tassazione. In base a quanto detto, il Sedicesimo Emendamento ha fatto a pezzi la costituzione di cui è apparentemente solo una parte.

Ha dato al ramo Esecutivo i mezzi per indebolire l'indipendenza del Congresso (che si supponeva dovesse tenere conto), poiché gli enormi fondi a sua disposizione possono acquistare l'obbedienza del ramo legislativo e sopprimere qualsiasi opposizione. Ha praticamente reso possibile la liquidazione dell'autonomia degli Stati, dapprima rimuovendo le loro fonti di entrate e poi mettendoli in riga mediante sovvenzioni; la dottrina dei diritti degli Stati ha quindi perso tutto il suo significato. Ha fornito all'autorità politica abbastanza capitale da potersi avventurare sul mercato in veste di produttore, distributore, finanziatore, editore, agricoltore, medico, datore di lavoro, e a svantaggio degli imprenditori privati. Ha investito lo Stato del ruolo di più grande elargitore di elemosine mai visto nella storia del mondo. E insieme a tutte queste misure interventiste è arrivata anche una gigantesca burocrazia il cui compito è stato quello di perpetrare ed espandere suddetti interventi. Quindi un solo cambiamento nella costituzione è servito a spazzarne via l'intento originale.

All'interno delle loro rispettive aree, i singoli Stati (che a loro volta sono sotto le limitazioni costituzionali) e le città (che operano sotto i limiti dei loro Stati) hanno emulato l'autorità federale. Gli aumenti delle loro popolazioni sono stati seguiti da aumenti della produttività e dalla comparsa di una certa abbondanza, i quali hanno invitato raid politici nel mercato. I proventi di tale incursione, sempre agghindati da uno scopo sociale, hanno incrementato il potere politico ed il potere sociale è diminuito. Questa è stata una ovvietà vera da secoli: che il potere sociale ed il potere politico sono sempre stati in conflitto; che la povertà di uno rappresenta l'opulenza dell'altro; che uno prospera dalla predazione mentre l'altro dalla produzione. Possiamo paragonarli ai piatti di una bilancia che nessun decreto parlamentare può alterare.

Ne segue che l'autorità politica non può essere contenuta mediante un contratto. Nessuna limitazione costituzionale mai inventata è riuscita a tenere in riga i politici in base alla sfera d'azione designata: preservare la pace nella Società, elargire equità tra i produttori, assicurarsi che nessuno potesse calpestare nessun altro. È necessario quindi un altro strumento di controllo se la Società non vuole essere periodicamente ingoiata dallo Stato.

Capitolo 15: Si può sempre sperare

Prescrivere un rimedio non spetta ad un diagnostico, e sarebbe ciarlataneria se lo facesse quando ha dubbi sul suo valore curativo. Può essere che la lotta tra la Società e lo Stato sia inevitabile; ma può essere nella natura delle cose che la lotta continui fino alla loro distruzione reciproca permettendo la nascita di una nuova Società, una nuova struttura politica in modo da percorrere un destino nuovo. Forse la malignità è insita nell'uomo. Sarebbe sciocco suggerire che i quadrupedi maschi, spinti dal desiderio riproduttivo, dovrebbero pensarci due volte prima di impegnarsi in battaglie mortali per il possesso delle femmine, ed è possibile che la lotta storica tra l'organizzazione sociale e l'organizzazione politica abbia gli stessi fondamenti.

Il supporto per questa conclusione si trova nella terra che abbiamo coperto. Cominciando con l'uomo — da dove altro si può cominciare? — lo scopriamo spinto da un impulso interiore a migliorare la sua situazione e ad ampliare il suo orizzonte; una capacità auto-generante di desideri lo conduce da una gratificazione ad un'altra. Ogni gratificazione rappresenta una spesa di lavoro, che, in quanto produce una sensazione di stanchezza, la considera sgradevole. La sua inclinazione è di bypassare lavoro il più possibile, ma senza sacrificare il suo miglioramento.

A supporto di questo *modus operandi* naturale vi pone un'abilità peculiarmente umana: la facoltà della ragione (è questa facoltà che suggerisce una possibile soluzione al conflitto Stato-Società, di cui parleremo in seguito).

La sua ragione gli dice che l'attività di soddisfare molteplici desideri è meglio perseguita attraverso la cooperazione con i suoi simili. Così sorge la Società e le sue tecniche: specializzazione e scambio, accumulo di capitale, concorrenza. La Società è un dispositivo risparmia-lavoro, inventato istintivamente; non è un accordo contrattuale (non più di quanto lo sia una famiglia), ma come la famiglia germoglia nella composizione dell'uomo. Il mercato dà più risultati con meno lavoro rispetto all'autosufficienza individuale, ma il prezzo richiede sempre un certo grado di lavoro. Non c'è modo di sfuggirvi. Eppure, si tratta di un prezzo pagato con riluttanza, e da questo conflitto interiore tra il costo e i desideri arriva il dramma dell'uomo organizzato.

L'impossibilità di ottenere qualcosa in cambio niente, il *summum bonum*, non bandisce la speranza o intimidisce l'immaginazione, e nel suo tentativo di realizzare questo sogno, l'uomo finisce spesso per dedicarsi alla predazione: il trasferimento del possesso e il godimento di soddisfazioni dal produttore al non produttore. Dal momento che gli uomini lavorano solo per soddisfare i loro desideri, questo transfert induce una sensazione di dolore, e in risposta a quella sensazione il produttore istituisce un meccanismo di protezione.

In condizioni primitive, si affida ai propri poteri di resistenza alla rapina, alla sua forza personale più quelle armi che ha a sua disposizione. Questo è il suo Governo. Dal momento che questo cruccio della protezione interferisce con la sua attività principale di trovare soddisfazioni, ed è spesso inefficace, è assolutamente disposto a consegnarlo ad uno specialista quando la dimensione e l'opulenza della Società richiedono tale servizio. Il Governo fornisce il servizio specializzato di tutelare il mercato.

159

La caratteristica distintiva di questo servizio è che gode di un monopolio della coercizione. Questa è la condizione necessaria per lo svolgimento delle attività; l'eventuale ripartizione dell'autorità vanificherebbe l'obiettivo per il quale è stato creato il governo.

Tuttavia, resta il fatto che il Governo è un'organizzazione umana, costituita da uomini che sono esattamente come gli uomini che servono. Cioè, anche loro cercano di soddisfare i loro desideri con il minimo sforzo, e anche loro sono insaziabili nei loro appetiti. Oltre ai desideri comuni che possiedono tutti gli uomini, il personale Governativo acquista una peculiarità nella sua attività lavorativa: l'adulazione riversata su di loro, perché solo loro esercitano la coercizione. Sono persone a parte.

Le onorificenze che derivano dall'esercizio del potere suscitano una certa passione per lo stesso potere, in particolare su quegli uomini le cui capacità non sarebbero state notate sul mercato, e la tentazione ad espandere l'area del potere è forte; la funzione negativa della protezione è troppo limitante per gli uomini ambiziosi. Quindi, la tendenza nel mondo della burocrazia è quella di assumere una capacità di funzioni positive, di invadere il mercato, di impegnarsi a regolare, controllare, gestire e manipolare le sue tecniche.

Dal momento che le tecniche sono auto-operative, tutto ciò che il potere politico vuole ottenere con i suoi interventi è quello di controllare il comportamento umano; influenza la conformità con la minaccia della punizione fisica. Questa, infatti, è la sostanza del potere politico. Tuttavia, questo è il trucco dell'essere umano tipo, e che talvolta viene adorato, che domina la volontà dell'altro essere umano, ed è questo senso di superiorità acquisita che è il profitto principale dell'ufficialità.

Il passaggio dal Governo negativo allo Stato positivo è caratterizzato dall'uso del potere politico per scopi predatori. Nella sua ricerca del potere, la burocrazia prende in considerazione l'ineluttabile passione per il "qualcosa in cambio di niente", e procede per vincere il sostegno di quei segmenti della Società inclini a riempirsi le tasche senza troppi sforzi. Si tratta di una disposizione *quid pro quo*, con la quale il potere di costrizione è subaffittato ad individui o gruppi privilegiati in cambio del loro assenso all'acquisizione del potere. Lo Stato vende il privilegio, che non è altro che un vantaggio economico ottenuto da alcuni a scapito di altri.

Nei tempi antichi, il gruppo privilegiato era una classe padronale terriera, che si corredava di un supporto militare per il potere politico, o un gruppo mercantilista, che contribuiva alle casse imperiali mediante i loro profitti generati da un monopolio politico; con l'avvento del suffragio popolare, che rendeva la preferenza politica dipendente da un ampio favore, l'attività della corruzione doveva essere estesa, e così arrivò la sovvenzione degli agricoltori, degli affittuari, degli anziani, degli utenti dell'energia elettrica, e così via. Il loro interesse nello Stato li rendeva suscettibili ai suoi scopi.

È questa alleanza nella predazione che caratterizza lo Stato. Senza il sostegno di gruppi privilegiati, lo Stato sarebbe crollato. Senza lo Stato i gruppi privilegiati sarebbero scomparsi. Il contratto è radicato nella legge della parsimonia.

Lo strumento che mette lo Stato in una posizione contrattuale con i suoi elementi preferiti è la tassazione. In principio, quando la comunità semplice creò il governo, venne ammesso che i suoi agenti non potevano essere produttivi e quindi dovevano essere supportati dal mercato. I servizi devono essere pagati.

Ma il modo di pagare per il servizio del Governo pone un problema: le imposte sono oneri obbligatori, i pagamenti non volontari, e la loro raccolta deve essere affidata alle persone che ci vivono sulle tasse; il potere di coercizione affidato loro è utilizzato nella raccolta dei loro propri stipendi. Che questa funzione debba essere perseguita con vigore è comprensibile. Eppure, dove il potere politico è sotto la costante sorveglianza della Società, l'urgenza di aumentare le tasse al fine di ampliare il potere politico può essere tenuta al guinzaglio. Ma questa limitazione perde potenza quando la Società cresce in dimensioni e in complessità degli interessi; la preoccupazione dei suoi membri con imprese produttive attenua il loro interesse per la cosa pubblica, che tende a diventare la preoccupazione privata dei funzionari pubblici. Ne deriva la centralizzazione del potere politico, che è solo la sua uscita dal dispositivo di restrizione delle sanzioni sociali, ed i prelievi fiscali crescono a ritmo sostenuto. L'istituzione politica — la corte di Luigi XIV o la burocrazia altrettanto non produttiva del moderno Stato "sociale" — acquista così l'autosufficienza; ha i mezzi per raggiungere il suo bottino e per investire in imprese dedite all'accumulo di potere. C'è sempre una ragione valida e sufficiente per tassare sempre di più. Il tempio di Salomone, le strade di Roma, il sostegno ad "industrie nascenti", la preparazione militare, la regolamentazione dei costumi, il miglioramento del "benessere generale" — tutte richieste per manipolare il mercato, e il prodotto finale di ogni manipolazione è un aumento del potere dello Stato.

Alcuni degli stanziamenti finiscono a certi membri della Società, in modo da soddisfare quell'impulso di "qualcosa in cambio di niente", almeno temporaneamente, e in modo da stimolare una certa tolleranza per l'istituzione e da cancellare la comprensione del suo carattere predatorio.

Fino a quando lo Stato non raggiunge il suo obiettivo finale, l'assolutismo, la sua risposta alle rimostranze per le tasse è che tutti i prelievi fiscali vengono pagati dagli "altri", e tale affermazione pare calmare gli animi. Guardando velocemente alla biografia delle istituzioni politiche, la pratica di acquistare il supporto dei gruppi privilegiati e sovvenzionati muta quando lo Stato diventa autosufficiente; cioè, quando il mercato è completamente sotto il suo dominio. Lo Stato diventa allora l'unica classe privilegiata. L'abitudine e la necessità riducono la Società ad una condizione di sottomissione alla burocrazia e alla polizia, i componenti dello Stato.

Questa condizione è attualmente conosciuta come totalitarismo, ma in realtà non è altro che conquista, la conquista della Società da parte dello Stato. In questo modo, che lo Stato si sia originato dalla conquista o meno, come hanno affermato alcuni storici, il risultato finale delle istituzioni politiche prive di controllo è lo stesso: la Società viene resa schiava. Ma questa non è ancora la fine. La statura dello Stato cresce in predazione, la statura della Società si riduce in proporzione. Per una spiegazione di questa antitesi torniamo alla composizione dell'uomo. Troviamo che lavora solo per soddisfare i suoi desideri, di cui ne ha una moltitudine, e che i suoi sforzi sono in proporzione al raggiungimento delle loro soddisfazioni.

Se il suo investimento di lavoro non produce profitto, o se l'esperienza gli suggerisce che non ce ne sarà alcuno, il suo interesse nel lavorare sbiadisce. Cioè, la produzione diminuisce in base alla quantità di espropriazione che deve sopportare; se l'espropriazione è abbastanza grave e l'evasione diventa impossibile, in modo che impari ad accettarla come un modo di vita e dimentichi quello di cui consiste in realtà, la sua produzione tende al minimo solo per la mera esistenza.

Ma, poiché lo Stato vive di ciò che espropria, il calo generale nella produzione che provoca per la sua avarizia predice la sua rovina. La sua fonte di reddito si prosciuga. Così, mentre abbatte la Società, abbatte anche sé stesso. Il suo collasso finale è di solito causato da una guerra disastrosa, ma ciò che precede tale evento è una storia di tasse crescenti e scoraggianti sul mercato, causando un calo nelle aspirazioni, nelle speranze e nell'autostima delle sue vittime.

Quando parliamo della scomparsa di una civiltà, non intendiamo che un popolo si è estinto. Ogni olocausto lascia dei superstiti. Ciò che è implicito dalla caduta di una civiltà è la scomparsa dalla memoria di un accumulo di conoscenze e di valori che una volta facevano parte di un determinato popolo.

Le arti e le scienze prevalenti, la religione ed i costumi, i modi di vivere e di guadagnarsi da vivere sono stati dimenticati. Non sono stati cancellati da un mucchio di polvere, ma da una generale mancanza di interesse nelle soddisfazioni marginali, nelle cose che gli uomini si sforzano di raggiungere una volta che la lotta per l'esistenza viene vinta. Si può riuscire a fare a meno di coltelli e forchette quando procacciarsi del cibo diventa abbastanza problematico, e la funzione principale degli abiti è quella di fornire calore, non ornamento.

Mentre le necessità primarie si accumulano, l'uomo comincia a sognare nuovi mondi da conquistare, compreso il mondo della mente — cultura, idee, valori. Le conquiste accumulate diventano gli indizi di una civiltà. La perdita di una civiltà è il contrario del processo di accumulazione culturale. È la rinuncia, per una questione di necessità, a quelle soddisfazioni che non sono essenziali per l'esistenza. È un processo di oblio mediante la forza delle circostanze; è un'astinenza imposta dall'ambiente in cui si vive.

A volte la natura potrà imporre per un po' l'astinenza, ma i dati mostrano che l'uomo è capace di superare tali ostacoli alle sue ambizioni. L'ostacolo che non sembra in grado di superare è la sua tendenza alla predazione, che dà luogo all'istituzione dello Stato; ma è questa istituzione che induce in ultima analisi un clima di inutilità, una mancanza di interesse nello sforzo, e distrugge così la civiltà di cui si nutre. O almeno questo è quello che ci mostrano i dati: tutte le civiltà che sono scomparse o sono andate perse si portavano sulla schiena uno Stato onnipotente. Il crollo di uno Stato significa un indebolimento degli strumenti di coercizione per mezzo dei quali venivano trasferiti i frutti del lavoro di qualcuno verso dominatori improduttivi o verso i loro complici. In seguito, forse per secoli, prevale di nuovo la libertà, gli uomini imparano a sognare e sperare di nuovo, e la realizzazione di ogni sogno attraverso lo sforzo favorisce ulteriormente la fantasia e genera uno sforzo maggiore; così si moltiplica la ricchezza, la conoscenza si accumula, prendono forma le abitudini, e i valori non materiali raggiungono un certo grado di importanza nella gerarchia dell'uomo. Nasce una nuova civiltà. Anche se qualcosa della civiltà perduta viene ripreso per caso, ciò che viene riscoperto deve essere assimilato da zero; la nuova civiltà non cresce dal suo predecessore, ma emerge dagli sforzi dei vivi. In ogni caso, la storia ci dice che non può nascere una civiltà fintanto che un istituzione politica si attacca ad essa, si nutre di essa, e alla fine la divora. E la storia ricomincia.

Si può sfuggire da questo ciclo? Che si sappia no. Ciononostante, essendo la speranza quello che è, non è mai stata abbandonata la ricerca di una formula per una "Società buona" e dal laboratorio della mente umana sono uscite un certo numero di utopie.

La connotazione di irrealtà che tale parola ha acquisito deriva dal fatto che ogni utopia ignora la leva operativa dell'uomo: egli cerca di soddisfare i suoi desideri con il minimo dispendio di fatica.

Ogni "Società buona" evocata da filosofi e riformatori presuppone un uomo immaginario che gestisce il suo comportamento secondo i dettami della ragione pura e che tiene conto degli effetti a lungo termine di ogni suo atto. Poiché non esiste un tale uomo, o nessuno che conosciamo, ogni schema utopico è indulgentemente catalogato nella categoria delle fiabe, interessante ma irreale.

A dire il vero, l'uomo è un animale che ragiona e se dovesse sottoporre la questione al vaglio della sua ragione potrebbe concludere che il "qualcosa in cambio di niente" è impossibile; ciò che si acquisisce "gratis" deve essere stato fornito da qualcun altro. Ammetterebbe che una Società costituita interamente da consumatori, per esempio i pirati, non potrebbe esistere. Affermerebbe senza argomentare che la produzione deve precedere il consumo, che lo scopo della produzione è il consumo, che niente sarebbe prodotto se non ci fosse alcuna possibilità di esserne soddisfatti. Non deve essere un economista per arrivare a tali conclusioni. Tutto ciò, direbbe, è buon senso.

Eppure, con quanta facilità il buon senso prende il volo al palesarsi della prospettiva di una gratifica o di un profitto immeritato! La ragione non è priva di logica sufficiente quando si parla di elargizioni. Il beneficiario non trova niente di incongruo in un regime di "panem et circenses"; ecco la prova visibile che il "qualcosa in cambio di niente" non è un miraggio.

È la fredda logica che genera l'urgenza di tariffe per la "protezione" o la passione per ottenere più di quanto si riceve? Quando lo Stato si impegna a fornire energia elettrica "a buon mercato" per una parte della popolazione a scapito di un'altra, ci sono sufficienti ragionatori a sostegno di tale organizzazione. Le librerie sono piene di tomi che giustificano sussidi di ogni genere, e il livellamento — o il prelievo forzato da uno per dare ad un altro — è stato a lungo la preoccupazione preferita di cervelli professionisti. Aristotele, il compare dei logici, trovò un sillogismo per sostenere la più antica forma di sfruttamento che l'uomo conosca.

Sì, l'uomo è dotato del dono della ragione, ma è anche in possesso di appetiti e di una avversione al lavoro, e troppo spesso la sua ragione si piega alle sue altre caratteristiche. Il fallimento degli utopisti di accettare questo fatto, o di accettare l'uomo come è e non come dovrebbe essere, conferisce ai loro sistemi una qualità onirica.

In generale, l'utopismo si divide in due categorie principali: l'anarchico e il comunista. Il primo pone come sua premessa fondamentale la ragionevolezza e la bontà dell'uomo, che sono deviati dall'introduzione della forza. È il poliziotto, dice l'anarchico, che fa il criminale; se si toglie il primo e l'altro scompare.

L'utopico comunista, d'altra parte, incolpa per il disturbo sociale l'istituzione della proprietà privata; una volta abolita tale istituzione (con o senza la forza, secondo l'utopico), emergerà una "Società buona" (tra l'altro, anche la maggior parte degli utopisti anarchici abolirebbe la proprietà privata con la stessa forza che criticano; a quanto pare, la forza è lodevole quando viene utilizzata dalla persona giusta per il giusto scopo).

La premessa anarchica, che il poliziotto è venuto prima e ha creato il ladro, manca di supporto storico; è apparsa la figura dello sceriffo solo a causa del contrabbando di bovini. La premessa comunista, che la proprietà privata è la radice di tutti i mali sociali, presuppone che l'uomo lavori per la volontà di lavorare, senza considerare la prospettiva del possesso e della soddisfazione. Neanche questa premessa coincide con l'esperienza osservabile, e quindi i sillogismi costruiti in entrambi gli schieramenti sono pervasi da irrealtà.

Tutti i programmi utopistici pongono una particolare attenzione all'organizzazione politica dell'uomo. Il filosofo anarchico (basandosi sulla perfettibilità dell'uomo attraverso l'educazione) è convinto che quando l'individuo ritornerà in sé, non avrà bisogno o non tollererà lo Stato. Il comunista ritiene che sia necessario uno Stato onnipotente non solo per spazzare via la proprietà privata, ma anche per diradare l'inclinazione del singolo al possesso, e si aspetta che tale strumento si "estingua" quando viene raggiunto tale scopo.

Poi ci sono gli utopisti che percorrono una via di mezzo tra queste scuole; accettano lo Stato come un fatto della vita (o perfino come decreto divino) desiderabile o inevitabile, e si prefiggono di liberarsi dalle sue imperfezioni col pensiero legalistico; *La Repubblica* di Platone è l'esempio più noto. Tutte le utopie sono caratterizzate da un elemento: evitano il fatto che lo Stato sia stato eretto dall'uomo e sia a sua immagine, che se non fosse costantemente a caccia di "qualcosa in cambio di nulla" non avrebbe mai costruito una tale istituzione.

Un certo riconoscimento indiretto del fatto che lo Stato è l'immagine dell'uomo, o viceversa, si trova in quelle utopie che pretendono un rigore scientifico.

A partire da una teoria che non è altro che un'ipotesi non dimostrata, amano dotare lo Stato di un carattere socialmente utile. La teoria sostiene che l'uomo non è un animale che ragiona, o perfino uno che pensa, e certamente è senza istinti fissi o immutabili; il suo comportamento è interamente costituito da azioni riflesse indotte dal condizionamento ambientale.

Da questa premessa (accettata dai suoi sostenitori come assioma) ne consegue che l'uomo sarà ciò che i suoi influssi ambientali lo costringeranno ad essere, e che l'uomo "perfetto" emergerà dall'ambiente "perfetto". È lo stampo che fa l'uomo. Se, dunque, volessimo migliorare la condizione dell'uomo dovremmo impegnarci a migliorare lo stampo in cui questo protoplasma deve essere versato.

Ma come e da chi deve essere costruito questo stampo? È certamente un lavoro colossale, che solo lo Stato con il suo monopolio del potere è in grado di eseguire. Ma lo Stato stesso è un'istituzione umana, e quindi sorgono perplessità circa le capacità dell'essere umano non-pensante di delegare allo Stato il compito di produrre l'ambiente "perfetto".

Gli "scienziati" escono da questo dilemma logico mettendo da parte per il momento la loro teoria di base e ammettendo, almeno tacitamente, che alcune persone sono infatti in grado di pensare. Per un motivo ancora inspiegabile, questi "scienziati" sono stati in grado di liberarsi dalle loro influenze ambientali e sono effettivamente in grado di ragionare; per questo motivo sono stati scelti (da essi stessi naturalmente, dal momento che nessun altro è in grado di giudicare le loro capacità) per redigere il progetto dell'ambiente "perfetto" che lo Stato può portare a compimento, con l'uso della sua forza.

La certezza del successo sarà assicurata affidando il potere agli "scienziati". E noi che non possiamo pensare siamo privati della possibilità di mettere in discussione sia la logica sia la solidità della loro utopia.

L'utopia — la "Società buona" — è un'impossibilità? Uno sarebbe portato a rispondere affermativamente. Ciononostante chiunque ragioni sulla capacità dell'essere umano di porre la sua vita sociale in perfetto ordine, deve tenere in conto il fatto biologico della longevità. L'essere umano cerca di soddisfare i suoi desideri mentre vive, e non quando la morte lo priva dei suoi stimoli e le cifre attuariali gli dicono quanto ancora gli resta da vivere. Il suo comportamento è necessariamente determinato dalla sua aspettativa. Questo vuol dire che nella natura delle cose il suo è un punto di vista di breve termine, sebbene la sua prospettiva possa essere allungata da una preoccupazione per il benessere del suo futuro immediato, i suoi figli e nipoti. Oltre a ciò c'è il "futuro del suo Paese", un interesse speculativo che ha poco spazio nelle sue faccende giornaliere. Il banchiere sa bene che le obbligazioni dello Stato nella sua cassaforte non rappresentano beni prodotti, ma solamente rivendicazioni sulla produzione; "l'interesse" che rendono è incarnato dalle tasse ed egli sa d'essere nell'effettivo un esattore delle tasse. Né ignora il carattere inflazionistico di questi pezzi di carta: che nel lungo termine svaluteranno tutti i suoi asset così come quelli dei suoi depositanti, impoverendo tutti coloro che li possiedono. Inoltre, se smette di pensarci, deve ricordarsi che più obbligazioni sovrane possiederà, più dovrà sostenere l'attività fiscale dello Stato, poiché la svalutazione di questi asset può mandarlo in bancarotta. La prudenza lo obbliga a trascurare tali considerazioni; si ritrova a cooperare con i programmi fiscali dello Stato, anche se ha il sospetto che agendo in questo modo egli sarà ridotto ad essere un mero segretario.

A causa del suo bisogno di staccare un profitto, si ritrova a mettere da parte qualsiasi scrupolo possa insorgere riguardo le obbligazioni dello Stato. Il futuro deve prendersi cura di sé stesso. Il presidente di una grande impresa s'è abituato a vivere in base ad un certo flusso di reddito. Gli piace condurre una tale vita e anche a sua moglie. È vero che ha guadagnato un sacco di soldi e che lo Stato ha confiscato i due terzi di tale ammontare. È infastidito da questa confisca, desidererebbe poter trattenere di più e migliorare i propri standard di vita, ma scopre che gli conviene adattarsi al volere dello Stato. Forse la sua impresa è totalmente o parzialmente in affari con lo Stato; in tal caso il suo reddito deriva dalle tasse che è costretto a pagare. È vero che i suoi impiegati nel complesso pagano molto più di lui, e sebbene non se ne sia accorto, la probabilità è che percepisca un certo profitto in questa allocazione delle tasse. Forse, se non fossero tassati, i suoi impiegati avrebbero comprato lo stesso i prodotti della sua impresa, ma vendere ad una moltitudine di acquirenti comporterebbe un ventaglio maggiore di problemi legati alle vendite e al credito, e nel presente (l'unica cosa di cui gli interessa) considera più semplice fare impresa con un Unico Grande Compratore. Assume quindi un lobbista affinché ne curi le vendite. Ma se le vendite dei suoi prodotti calano ad un punto in cui viene intaccato il livello di profitti a cui è abituato — perché, ad esempio, le tasse hanno privato i clienti abituali del loro potere d'acquisto — guarda con favore alle attività inflazionistiche dello Stato. La distribuzione di una quantità maggiore di denaro, sebbene contraffatto, arricchirà temporaneamente la popolazione e gli permetterà di sfoggiare strabilianti grafici di vendite. L'infusione di nuovo denaro nell'economia avrà l'effetto di svalutare il valore della sua fabbrica fino a portarlo sull'orlo della bancarotta, non importa quanto abbia messo da parte per i ricambi; ma questo problema riguarderà il prossimo presidente e gli azionisti del futuro.

Quest'anno bisogna pagare i dividendi.[9]

Ci vorrebbe un agricoltore stupido per non capire che essere pagati per non produrre è un'anomalia; sarebbe un inensibile se non si infastidisse per le regolamentazioni che accompagnano una larghezza di manica. Malgrado ciò il bisogno immediato di un trattore o una televisione offuscano tali considerazioni, inclusa la probabilità che suo figlio non diventerà mai un agricoltore indipendente. L'affittuario sovvenzionato potrebbe scorgere alcune connessioni tra il suo privilegio e le deduzioni sui suoi pagamenti; anche così, è buono sapere che i suoi alloggi gli costano meno rispetto a quelli dei suoi vicini non sovvenzionati. La vecchia signora che vive dei pagamenti della "previdenza sociale", il veterano di guerra la cui fattura medica viene presa in consegna dallo Stato ed il perdigiorno che riceve un sussidio di disoccupazione, non sono affatto preoccupati di più riguardo il futuro. Anche il filosofo che presagisce oscuri avvenimenti alla fine finisce per ignorarli, se la necessità lo richiede, e nel comfort di una donazione immeritata trova consolazione per i suoi timori. Siamo condannati a vivere nel presente.

È una necessità biologica che svuota il punto di vista di lungo termine della realtà e facilita le operazioni dello Stato. La necessità di vivere piega la volontà di vivere alle condizioni in base alle quali è possibile vivere; proprio come un uomo modella la propria vita intorno a condizioni primitive nelle lande selvagge, allo stesso modo si adatta a regole, regolamenti, controlli, confische ed interventi imposti dal potere politico.

---

[9] Secondo la tradizione classica dell'economia è sempre il debitore che richiede politiche monetarie "allentate". Ora scopriamo che anche l'industriale e, a volte, la folla nel mercato finanziario richiedo una cosiddetta inflazione "controllata". Val la pena di approfondire questo fenomeno.

Se queste limitazioni sulle sue aspirazioni vengono rese legali, in modo che il suo "stile di vita" raggiunga una parvenza di stabilità, ben presto perderà coscienza di tali limitazioni; ciò di cui poteva risentirsi all'inizio, non solo viene accettato ma addirittura difeso. Tale è la composizione dell'essere umano che il suo adattamento all'ambiente non solo è confinato alla sfera fisica; deve includere un'accettazione consapevole, una giustificazione, un supporto morale. Non può vivere tranquillamente senza dare la sua benedizione alle condizioni sotto le quali vive. La sua competenza con le parole aiuta il processo di adattamento; con le parole egli sviluppa un'ideologia che soddisfa la sua mente riguardo la correttezza e la rettitudine della suo "modo di vivere". Questo è l'alleato segreto dello Stato — l'inclinazione dell'essere umano ad adorare condizioni che gli sono state imposte e sotto le quali ha trovato un comodo adattamento. La macchina statale della propaganda, mediante una continua reiterazione, trasforma la frase ideologica in una liturgia; la burocrazia, che rende legale il tanto amato "modo di vivere", acquisisce la gloria di un sacerdozio; le infrastrutture statali, anche le prigioni, vengono ricoperte con un'aura divina; il formalismo statale diventa un rituale, le sue affermazioni un oracolo. Solo il teorico, l'economista e lo storico si preoccupano delle conseguenze di lungo termine riguardanti gli interventi dello Stato. Nel frattempo uno deve vivere, e nel frattempo "lunga vita al re".

In queste circostanze, colui preoccupato per il lungo termine, il profeta che insiste sui principi fondamentali e le conseguenze finali dovute alla violazione di suddetti, viene considerato un visionario e un disturbatore indesiderato dell'adattamento. La sua stravaganza può essere ricordata e la sua profezia riportata alla mente quando alla fine i suoi presentimenti si trasformano in realtà.

173

Cioè, quando le limitazioni si moltiplicano al punto in cui l'adattamento lascia poco spazio alla vita, quando un'esistenza miserabile è l'unica cosa che si può ottenere attraverso i propri sforzi. È in questo momento che l'istinto primordiale per la libertà sostituisce progressivamente l'istinto alla quieta sopravvivenza e non rimane altro da fare che spezzare le catene dello Stato. Ma ciò, nel presente, risiede nel regno irreale del lungo termine.

L'istinto per la libertà, il desiderio per l'espressione di sé stessi senza ostacoli, è l'essenza di cui è fatta l'utopia. Se non fosse per questo elemento imperscrutabile, l'essere umano non si farebbe coinvolgere negli affari politici e la sua storia sarebbe uguale a quella di una storia nella giungla. L'essere umano, il produttore, deve avere libertà; mentre l'essere umano, il predatore, pone limiti alla libertà, e questa dicotomia intrinseca è la trama della storia della sua vita. La sua ricerca per una "buona Società" è la sua ricerca per un epilogo. Che sia nella natura delle cose o meno che la lotta dovrebbe andare avanti indefinitamente, non può fare a meno di provare a fabbricare un lieto fine. E ciò che segue da qui è semplicemente l'ennesimo tentativo di provare a fare la stessa cosa. L'ingrediente principale in qualsiasi formula per la "buona Società" deve essere un'azione preventiva. Come può la Società proteggersi contro la tendenza del potere politico ad invadere e liquidare il potere sociale? Questo è stato il problema continuo delle integrazioni sociali, e la sola soluzione prodotta dall'ingegno umano è stata la sorveglianza e la supervisione. La Società deve restare sempre allerta e, quando necessario, mettere le sue mani sul potere politico.

In pratica, la sorveglianza e la supervisione prendono la forma del costituzionalismo, o di vincoli scritti sul potere politico con suffragio popolare.

Tuttavia l'esperienza mostra che le costituzioni e il suffragio ritardano solamente, e non impediscono, la fermentazione del potere politico; con la promessa di un vantaggio immeritato, gli esseri umani finiscono sotto le sue grinfie quando decidono di vorare, e le costituzioni non sono scritte con l'inchiostro indelebile della legge naturale. La fallibilità del costituzionalismo deriva dal fatto che man mano che il potere politico estende la sua area operativa, è in grado di generare conflitto tra vari gruppi, soddisfacendo la loro cupidigia, e sotto la copertura di tali conflitti intra-sociali (lotta di classe) la sua tendenza intrinseca ad espandersi rompe le maglie dei vincoli costituzionali. Inoltre la produzione, e non la sorveglianza e la supervisione del potere politico, è il primo pensiero della Società, e questa preoccupazione secondaria è probabile che venga trascurata; in particolare quando quelli che esercitano il potere si trovano oltre la portata di coloro su cui viene esercitato. Pertanto la sorveglianza e la supervisione sono un vincolo efficace solo quando la politica è ancora un campo ristretto, talmente ristretto che il personale politico non può scappare alle pressioni sociali. Cioè, il tipo di Governo che troviamo in un municipio comunale. Stiamo parlando dell'unità politica, non di quella economica. La grandezza dell'unità economica è sempre determinata dal raggio degli scambi, ed è sempre regolata dal senso umano del valore. Compratore e venditore, nonostante la loro distanza, sia nello spazio sia nella cultura, diventano membri del mercato attraverso lo scambio. Il mercato si auto-regola, operando sotto leggi che si impongono senza una classe dirigente ed emanando le proprie sanzioni; è un meccanismo che funziona senza l'uso del potere politico e la cui efficienza può solo essere abbassata dall'iniezione di suddetto potere. Sarà tanto grande quanto vogliono i clienti ed i venditori.

Senza l'interferenza politica può essere mondiale.

La cosa migliore che possa fare il potere politico nelle sue premesse è di prevenire il furto (inclusa la violazione dei contratti), e questo può solo farlo punendo il furto dopo che l'atto è stato commesso, con la speranza che tale punizione scoraggerà la ripetizione o l'emulazione. Anche in questa funzione è meno efficace rispetto alle sanzioni sociali; l'esilio di una comunità dal mercato poiché incapace di mantenere i suoi conti in ordine, o di un individuo che acquisisce una reputazione negativa, è una punizione adeguata. Se è nell'interesse economico di una qualsiasi unità politica conservare relazioni di controllo con le altre comunità, possono essere stabiliti collegamenti tra i deputati, ma i poteri e le funzioni di questi deputati devono essere mantenuti entro la portata dei loro datori di lavoro, la riunione locale nel municipio. Il potere politico sarà considerato anti-sociale solo quando coloro a cui viene affidato agiranno come dirigenti, e non come agenti. Il mezzo attraverso il quale la persona politica — il re o il funzionario politico eletto — acquisisce una levatura indipendente, è il potere di appropriarsi della proprietà.

Senza l'appropriazione non ci può essere uno Stato, ed il potere dello Stato è proporzionale alla quantità di proprietà acquisita. Invece il potere sociale è misurabile dalla quantità di proprietà che il singolo produttore è in grado di conservare e disporre come egli crede sia più giusto. La differenza tra una Società libera ed una dominata è rappresentata dalla percentuale di proprietà che lo Stato incamera. Tutte le tasse sono esazioni obbligatorie — la cosiddetta "tassazione volontaria" è una contraddizione in termini — ed il problema che la Società deve affrontare, se vuole conservare la sua libertà, riguarda la sua volontà di trattenere suddetto potere nelle sue mani, sotto stretta sorveglianza, o trasferirlo ai suoi agenti politici.

Il trasferimento significa cedere il potere sociale e permettere l'ingrandimento di quello politico, o la deteriorazione del Governo passivo in Stato attivo. Di conseguenza la salvaguardia della "buona Società", o il mezzo mediante il quale può essere raggiunta, è il costante e rigoroso esame di ogni proposta di tassazione, e l'attenta supervisione del pagamento delle imposte. Ma soprattutto il politico non deve mai avere carta bianca sull'imposizione delle tasse; ogni proposta erariale deve essere presa in considerazione per i suoi meriti, come imposta temporanea intesa per uno scopo specifico, anche se l'individuo gestisce i propri affari economici. Quindi se deve essere costruita una strada, il costo dovrebbe essere sostenuto da una tassa che termina quando la strada viene finita; se viene imposta una guerra, il potere di tassazione dovrebbe espirare una volta che la guerra termina. L'ideale di una "buona Società" è l'abolizione di tutte le tasse, ma ciò presuppone l'esistenza di un essere umano "perfetto" e di una comprensione generale di come la spesa pubblica vada a pesare sulla produzione; finché non arriverà questo tempo, semmai arriverà, il meglio che la Società possa fare per proteggersi è quello di guardare con sospetto qualsiasi tipo di tassazione.

La proposta di mantenere il potere politico decentralizzato in modo che non possa scappare dalla vigilanza del potere sociale, deriva dal fatto che il valore tenuto in più alta considerazione da parte dell'essere umano è la libertà. Lo pone davvero così in alto rispetto a tutti i suoi altri desideri? Anche rispetto a quelli più materiali? Se sì, cosa intende con libertà? La definizione che viene data più spesso è "assenza di vincoli". Il pioniere solitario aveva molta di questa libertà; ciononostante è stato alquanto disposto a rinunciare ad una parte di essa in cambio di salari più alti derivanti dalla cooperazione con altri.

Ma la cooperazione implica un obbligo, ovvero modellare il proprio comportamento secondo i desideri degli altri, prendere in considerazione l'opinione pubblica sia per quanto riguarda la propria occupazione sia per quanto riguarda la propria condotta. Quindi la libertà nella Società non significa l'assenza di limitazioni, ma la gestione dei propri affari secondo un codice di autogoverno. Il prezzo dei benefici della cooperazione è l'autocontrollo.

In particolare, l'obbligo imposto dalla libertà nella Società è il rispetto nei confronti della proprietà privata. Quando il pioniere lavorava solo per sé stesso, si preoccupava della propria proprietà solo quando un animale o un vagabondo potevano rappresentare una minaccia. Aveva tutto l'interesse a preservare le cose che aveva prodotto — grazie al suo lavoro — e teneva pronta l'arma da fuoco per proteggere il suo possesso. Ma il concetto di diritti di proprietà ha assunto un significato importante quando attraverso il meccanismo del mercato sono emersi l'abbondanza e l'accumulo. È stato in questo momento che l'autogoverno è stato messo alla prova. Perché? Perché l'essere umano cerca di soddisfare i suoi desideri col minimo sforzo. Percepiva la stessa necessità quando lavorava da solo, ma il meglio che poteva fare era ideare scorciatoie primitive o strumenti che gli permettessero di risparmiare un po' di fatica. Quando ha visto crescere sempre di più intorno a lui l'organismo sociale della cooperazione e poi è emersa l'abbondanza, ha iniziato a pensare che forse la soddisfazione dei desideri a spese del lavoro fosse un obiettivo raggiungibile. L'impulso "qualcosa in cambio di niente" che qualche volta si fa strada nella sua indole, lo porta a trasgredire il suo autocontrollo. A questo punto la preoccupazione comune riguardo la proprietà fa emergere un fronte compatto tra i membri della Società; vengono imposti vincoli esterni alla necessità interna.

Il Governo rappresenta l'ammissione che "l'assenza di restrizioni" è incoerente con la libertà. La ragione dovrebbe ricordare all'individuo che non esiste un "qualcosa in cambio di niente", che qualcuno deve lavorare per fornire le soddisfazioni, che la condizione necessaria per l'abbondanza generale è la sicurezza del possesso. Infatti la ragione dovrebbe fargli imprimere nella testa un principio indelebile: che solo la produzione può far aumentare il livello dei salari, che l'espropriazione tende ad abbassarli. Ma, in generale, l'essere umano non sempre agisce seguendo i principi; più spesso agisce in base alla considerazione del profitto e della convenienza immediati. Sembra che la bramosia sia una guida più seguita della ragione per quanto riguarda il comportamento umano. La storia ci fornisce tanti esempi su questo punto. Anche nell'unità sociale più piccola, la famiglia, l'impulso predatorio trova la sua espressione nella truffa dell'eredità tra Giacobbe/Esaù, e nell'uso della frode e della forza per acquisire una proprietà senza lavorare. Se non fosse per questo elemento dominante nel comportamento umano, l'atto della conquista gli sarebbe del tutto sconosciuto, la schiavitù gli sarebbe stata del tutto sconosciuta, le classi privilegiate non sarebbero mai emerse, i monopoli non sarebbero mai stati istituiti e nessuno mai avrebbe pensato allo "Stato sociale". Difatti non sarebbe mai esistito uno Stato, il quale è solamente un'organizzazione di coercizione che trasferisce la proprietà da "una tasca ad un'altra". La libertà non è il valore più in alto nella gerarchia dei valori dell'essere umano. Può decantarne le lodi, ma il suo comportamento smentisce i suoi proclami. Sebbene a volte egli s'impegni a scrollarsi di dosso alcune catene, quando la moltiplicazione dei vincoli esterni rende insostenibile l'esistenza, la biografia dell'essere umano indica una passione soverchiante per la pratica "qualcosa in cambio di niente", una incapacità o riluttanza a tenerla sotto scacco ed una prontezza a prostrarsi ai suoi piedi in caso di bottino da catturare.

Lo "Stato sociale" moderno è un esempio assai calzante; è l'organizzazione coercitiva per la confisca e la ridistribuzione della proprietà. È l'antitesi della cosiddetta "assenza di vincoli" che è la sostanza che costituisce la libertà. Nonostante questo fatto esplicito, ha acquisito una reputazione umanitaria e riceve la benedizione di tutti coloro che vogliono attingere alla produzione di altri: il banchiere e l'industriale che prosperano dalle tasse che raccolgono, l'agricoltore che viene pagato per non fare il proprio lavoro, il "pasto gratis" delle madri, i difensori dei privilegi speciali. È questa la libertà che vogliono? Difficile che lo sia. Le responsabilità della libertà sono in conflitto con la legge della parsimonia. Un'ultima parola riguardo quegli americani che hanno una propensione per il lungo periodo e sperano di "fare qualcosa a riguardo". Sostenere tale speranza è la memoria sempreverde di una Società che ha gestito i propri affari con un minimo di vincolo esterno. Anche se lo Stato americano ha fatto enormi progressi nello stabilire il suo dominio sulla Società americana, rimane lo stesso in guerra con il folklore della libertà e potrebbe essere possibile arginare il progresso dello Stato invocando questa tradizione. Dopo tutto, questo è un Paese ancora giovane; le sue origini sono ancora fresche nei nostri ricordi, mentre gli individui di oggi riescono a riportare alla mente il modo in cui lo Stato ha raggiunto la sua posizione presente. Se l'entusiasmo originale per la libertà può essere riportato alla luce, potrebbe essere possibile limitare il potere politico prima che possa inghiottire completamente il potere sociale. Val la pena di provare. Tanto per cominciare, secondo la tradizione c'è la dottrina dei diritti degli Stati. È una dottrina decentrante, intesa a contenere il potere politico. Sebbene essa sia stata raramente invocata sin dalla nascita degli Stati Uniti, e solo per scopi pretestuosi e temporanei, l'idea originale di tenere sotto sorveglianza e supervisione il potere politico è davvero potente.

È nell'interesse dell'establishment politico dei vari Stati impedire d'essere inghiottito dall'autorità centrale, così come in passato i capitribù locali tenevano sott'occhio il potere crescente del re. Se può essere ravvivata questa preoccupazione per l'autonomia locale, il sostegno per la libertà potrebbe non essere perso per sempre. La spinta verso la centralizzazione è iniziata ben prima che lo Stato americano acquisisse il potere di tassare i redditi, ma questo strumento ha fornito i mezzi per ridurre gli Stati a mere suddivisioni amministrative; ha fornito all'autorità centrale il mezzo fondamentale per acquisire la subordinazione delle autorità locali. Di conseguenza non può essere fatto niente per ripristinare l'equilibrio tra i due a meno che non venga abolito il Sedicesimo Emendamento della Costituzione. Ma mentre questo scopo politico richiede l'abolizione di suddetto emendamento, c'è una ragione superiore in gioco: il potere di tassare i redditi viola il diritto alla proprietà, il quale è alla base del sacro diritto a "vita libertà e felicità". È sciocco parlare di libertà fintanto che lo Stato può allungare le sue mani sui proventi del produttore; a meno che l'individuo non abbia la prerogativa del possesso, dell'appagamento e dell'uso di ciò che produce, il suo status non è affatto quello di un essere umano libero; più gli viene sottratto, più si avvicina all'essere uno schiavo. È interessante notare che l'emendamento sopraccitato non pone limiti alla quantità che lo Stato può confiscare.

Pertanto, se deve essere fermato il progresso dello Stato americano nella subordinazione della Società americana, bisogna abolire il suo potere di tassare i redditi. Ma ciò può essere fatto solo se nella scala dei valori dell'essere umano "l'assenza di restrizioni" avrà la precedenza sulla pratica "qualcosa in cambio di niente". La volontà per la libertà ha la precedenza sulla libertà stessa.

Note sull'autore e sul traduttore

Frank Chodorov

Frank Chodorov (New York, 15 febbraio 1887 – 28 dicembre 1966) è stato un politologo e saggista statunitense, membro della *Old Right*, un gruppo di ideologi libertari che erano miniarchici, contro ogni politica estera interventista, anti-imperialisti, e successivamente, oppositori del New Deal. Nel novembre del 1944, Chodorov fondò un mensile chiamato "Analysis", descritto come "una pubblicazione individualista - l'unica di questo tipo in America". Dopo aver riscontrato un buon numero di abbonati, si unì al settimanale "Human Events" nel 1951. Nel 1953, Chodorov fondò la "Intercollegiate Society of Individualists", con William F. Buckley, Jr. nel ruolo di presidente. Negli anni successivi l'ISI divenne estremamente autorevole nelle pubblicazioni dei conservatori, e un ritrovo per gli intellettuali in America di questo spettro politico.

Francesco Simoncelli

Divulgatore e studioso della Scuola Austriaca d'economia, ha aperto il blog *Francesco Simoncelli's Freedonia* nel 2010 come approfondimento alle questioni economico/politiche analizzate secondo un'ottica Austriaca e libertaria. Dopo aver affinato le sue conoscenze frequentando i corsi della *Mises Academy*, ha visto pubblicati i suoi articoli anche su siti con notevole risonanza nell'ambito dell'informazione economica.

Autore dei libri *L'economia è un gioco da ragazzi*, *La fine delle fallacie economiche* e *Il Grande Default*; traduttore dei libri *Imposta sul reddito: la radice di tutti i mali*, *L'ascesa e la caduta della società* e *Il fallimento dell'economia keynesiana*. Nel 2012 partecipa alla fondazione dell'Associazione Von Mises Italia. È stato community manager per Melis Wallet e membro del Comitato Scientifico di Bcademy. Dal 2021 è community manager per Satoshi Design. Dal 2013 al 2016 ha collaborato col magazine online *The Fielder*, per cui ha scritto articoli di economia e finanza.

Sito web: https://www.francescosimoncelli.com/

email: *fsimoncelli85@gmail.com*